本书得到“国家现代农业产业技术体系（CARS－35）”“中国农业科学院科技创新工程项目（10－IAED－01－2023 & 10－IAED－RC－01－2023）”“清华大学中国农村研究院研究课题（CIRS 2020－2）”资助

保障农产品有效供给：以生猪产业为例

辛翔飞　刘晨阳　王祖力　王济民　著

中国农业出版社
北　京

图书在版编目（CIP）数据

保障农产品有效供给：以生猪产业为例 / 辛翔飞等著．—北京：中国农业出版社，2023.11
ISBN 978-7-109-31449-8

Ⅰ.①保…　Ⅱ.①辛…　Ⅲ.①养猪业－产业发展－研究－中国　Ⅳ.①F326.33

中国国家版本馆 CIP 数据核字（2023）第 224281 号

中国农业出版社出版
地址：北京市朝阳区麦子店街 18 号楼
邮编：100125
责任编辑：赵　刚
版式设计：王　晨　　责任校对：张雯婷
印刷：北京中兴印刷有限公司
版次：2023 年 11 月第 1 版
印次：2023 年 11 月北京第 1 次印刷
发行：新华书店北京发行所
开本：720mm×960mm　1/16
印张：11.75
字数：163 千字
定价：68.00 元

前言

FOREWORD

中国是全球第一大猪肉消费国，猪肉是中国第一大肉类消费品。改革开放初期，猪肉消费量占居民肉类总消费量比重约为85%，后期虽逐步有所下降，但目前仍超过50%，长期处于绝对主导地位，是中国城乡居民最重要的肉类供给来源。“猪粮安天下”，中国的生猪产业不仅对民众肉类消费具有保障意义，也对经济平稳运行、农民就业增收具有重要支撑意义，是关系国计民生的重要产业。

改革开放以来，中国生猪生产得到快速发展。但长期以来，尤其是1985年生猪派购派养政策及产品统一定价取消之后，生猪生产在内在市场机制及外部因素冲击等作用下多次出现较大幅度波动。且随着时间的推移，周期性波动幅度愈发剧烈，呈现出明显的波动幅度大、周期长的特点，尤其是2018年8月以来，非洲猪瘟疫情重创中国生猪产业，生猪产能大幅下滑，猪肉市场供需关系紧张，价格大幅上涨，且远超2016年6月的历史价格高点。生猪生产的大起大落，直接导致了生猪价格的大涨大跌，严重阻碍了生猪产业的健康有序发展，显著增加了保障肉类有效供给的压力。

受非洲猪瘟疫情、新冠肺炎疫情以及国内外宏观经济环境变化影响，当前生猪产业发展的形势和趋势、面临的问题和挑战等均发生了显著变化，生猪产业在保障农产品有效供给中的任务依然艰巨。本研究系统梳理中国生猪产业发展历程，准确把握生猪生产波动特征和演变路径，科学研判生猪生产波动影响因素，定量测度生猪生产成本增长动因，系统评价生猪产业国际竞争力，并进一步在深入剖析生猪产业发展存在问题和展望生猪产业未来发展趋势的基础上，提出提升生猪综合生产能力和实现生猪产业稳定有序发展的对策建议。

生猪生产及增长动因分析研究结果显示，改革开放以来，中国生猪产业发展阶段性特征明显，呈现出从快速发展向绿色高质量发展转变的显著特征。生猪产业的发展大致可以划分为：1978—1984 年改革开放初期的生猪产业恢复发展阶段，1985—2005 年畜产品市场放开后的生猪产业快速发展阶段，2006—2013 年畜牧业结构优化期的生猪产业转型发展阶段，以及 2014 年以来畜牧业绿色发展理念下的生猪产业提质增效发展阶段。前三个阶段猪肉产量年均增速分别为 6.24%、5.62 和 2.66%，第四个阶段年均下降 4.36%。基于生猪育肥期视角来看，中国猪肉产量增长的动因约八成来源于技术水平提升，约两成来源于生猪养殖数量提升；从生猪养殖全过程视角来看，猪肉产量增长的动因有一半源自生猪扩群产能提升，一半源自技术水平提升。

生猪生产波动周期测定及外部冲击干预分析结果显示，1949—1984 年，中国猪肉产量波动周期长度为 7.2 年；1985—2020 年猪肉产量波动周期为 4.0 年；1994—2020 年中国生猪价格波动周期为 3.81 年。非洲猪瘟、猪蓝耳病等重大动物疫病疫情和环保政策等重大政策变动等外部冲击对生猪生产具有显著的负向影响，对生猪价格具有显著的正向影响，动物疫病是影响生猪产能稳定和产业发展的最大不确定因素和最大障碍因素。非洲猪瘟疫情暴发以来至 2020 年，中国猪肉产量下降 1 339 万吨，其中来自非洲猪瘟冲击的影响占 84.54%，来自环保政策冲击的影响占 5.66%，来自猪肉产量周期变动自身的影响占 9.81%；猪肉价格上涨 29.23 元/千克，其中来自非洲猪瘟冲击的影响占 71.03%，来自猪肉价格周期变动自身的影响占 28.97%。

生猪生产成本变动及因素分解结果显示，2000—2020 年，中国规模户生猪养殖成本在大部分年份均呈现不同程度的上升，尤其 2019 年以来呈现较大幅度增长，由 2000 年 5.60 元/千克增长至 19.55 元/千克，20 年期间增长约 2.5 倍。2007 年前中国生猪生产成本低于美国，随着中国生猪生产成本的逐年上升，2007 年开始中国生猪生产成本由之前的低于美国，转变为高于美国，中美生猪生产成本优势发生翻转。2000—2020 年中国生猪生产成本上升的主要驱动因素在于饲料、仔猪和人力成本的显著上升，其中饲料价格与仔猪价格大幅增长是主要动因；同期，美国生猪生产成本下降的主要原因在于仔猪成本、人力成本的明显下降。2000—2020 年，中国生猪生产成本上升是中美规模化生猪生产成本差距的最主要动因。

生猪产业国际竞争力评价分析结果显示，基于贸易视角，中国生猪产业国际竞争力较弱，国际市场占有率、贸易竞争力指数和显示性比较优势指数均低于美国、德国、巴西和西班牙。基于产业发展视角，中国生猪产业国际竞争力总体实力较强，资源禀赋及消费竞争力指标优势显著。资源禀赋竞争力指标中，饲料粮种植比重提升最为显著，但资源结构、饲料粮自给率水平有所下降；生产竞争力中，生产份额虽有明显降低但仍是拉升竞争力的重要因素，经济效益变化较小，生产效率小幅提升；消费竞争力指标中，人均猪肉消费增长率与人均猪肉消费量有明显的提高，人均猪肉消费差距和猪肉在肉类消费中比重有所降低；贸易竞争力指标中，国内市场自给率、国际市场占有率以及贸易竞争力指数均呈现出显著下降趋势。

进入“十四五”新发展阶段，中国生猪产业发展面临的问题和挑战主要包括：一是价格和产量异常波动频次增多、幅度加大，产业监测预警应急反应机制有待进一步完善；二是疫病防控能力明显不足，疫情冲击成为生猪周期异常波动的最主要因素；三是产业调控顺周期多逆周期少，扶持政策的预见性、精准性有待进一步增强；四是国际竞争压力加大，宏观经济等外部环境的影响不容忽视；五是缺乏合理的种养布局，养殖废弃物污染治理压力长期存在。中国生猪产业发展的主要趋势性特征表现为：一是猪肉禽肉抢占市场的竞争更加激烈，猪肉供需进入新格局；二是生猪养殖散户退出、企业进入，生猪养殖企业化成为趋势；三是跨省“运猪”变“运肉”，产销一体化程度进一步加深；四是双碳目标约束、高质量发展势所必然，高科技创新及应用加快步伐。本研究提出中国生猪产业发展政策建议：一是将非洲猪瘟等疫病防控作为稳定生猪产业发展的首要任务，进一步强化优化疫情防控措施；二是健全完善生猪生产和市场监测预警体系，对症下药，实行科学稳健的逆周期调控；三是大力推动种养结合循环农业生产模式，推进生猪养殖绿色发展；四是加快产业转型升级，提升生猪产业发展质量；五是优化饲料粮供给路径，保障饲料粮供给安全和价格相对稳定。

著　者

2023年10月1日

目　录
CONTENTS

第一章 导 论

一、问题的提出

保障重要农产品有效供给，始终是“三农”工作的头等大事。“猪粮安天下”，生猪产业在中国经济社会发展中具有举足轻重的地位，猪肉市场的稳定有序发展直接关乎肉类产品供应全局和副食品价格稳定，直接关系到老百姓“菜篮子”“钱袋子”以及国家宏观经济运行情况。经过改革开放40余年的持续发展，中国生猪产业化和市场化程度已达到较高水平，综合生产能力大幅提升。猪肉产量在1978年767.5万吨的基础上，分别于1979年突破1 000万吨，1988年突破2 000万吨，1994年突破3 000万吨，2001年突破4 000万吨，2012年突破5 000万吨，猪肉产量的显著增长为畜牧业扭转肉类供给绝对短缺局面、保障国家食物安全做出了关键性贡献。

伴随着中国生猪产业的快速发展，长期以来，尤其是1985年生猪派购派养政策及产品统一定价取消之后，在内在市场机制及外部因素冲击等作用下，生猪生产多次出现较大幅度的波动。且随着时间的推移，尤其是2003年之后，异常波动幅度愈发剧烈。2003年以来中国生猪产业经历了5轮价格大涨大跌，2006年以来的4轮波动呈现出明显的波动幅度大、周期长的特点，尤其是2018年8月以来，非洲猪瘟疫情暴发重创了中国生猪产业，全国生猪产能大幅下滑，猪肉市场供需关系紧张，价格大幅上涨，且远超2016年6月的历史价格高点。生猪生产的大起大落，直接导致了生猪价格的大涨大跌，严重阻碍了生猪产业的健康有序发展，显著增加了保障肉类有效供给的压力。

生猪产业发展一直是政府部门和学界关注的焦点，在不同的历史发展阶段都有较为丰富的研究文献。例如，李晗等（2021）、张立庠等（2020）、李鹏程和王明利（2020）、朱增勇等（2020）、王刚毅等（2018）、石自忠等（2016）、王明利和肖红波（2012）、谭颖（2011）、李秉龙和何秋红（2007）、辛贤和谭向勇（1999）、张正来等（1992）、常景蔚（1984）等等，聚焦生猪产业稳产保供，分别针对不同时期生猪产业的异常波动，基于不同的视角，就产业发展关键问题开展深入研究。

进入"十四五"新发展阶段，受非洲猪瘟疫情、新冠肺炎疫情以及国内外宏观经济环境变化影响，生猪产业发展的形势和趋势、面临的问题和挑战等均发生了显著变化，生猪产业在保障农产品有效供给中的任务依然艰巨。本研究系统梳理中国生猪产业发展历程，准确把握生猪生产波动特征和演变路径，科学研判生猪生产波动影响因素，定量测度生猪生产成本增长动因，系统评价生猪产业国际竞争力，并进一步在深入剖析生猪产业发展存在问题和展望生猪产业未来发展趋势的基础上，提出有建设性的对策建议，对提高生猪综合生产能力和实现生猪产业稳定有序发展具有重要意义。

二、文献综述

国外关于生猪生产波动的相关研究起步较早，早期相关文献主要集中于蛛网理论方面。Kaldor（1934）为了解释生猪之类农产品的价格波动，引入供求弹性相对差异来分析市场稳定条件的理论，并命名为"蛛网理论"。Coase和Fowle（1937）、Ezekiel（1938）等借助蛛网模型动态分析方法研究生猪供给量和价格在偏离均衡状态以后的波动过程。Harlow（1960）通过蛛网理论分析了猪肉产量、屠宰数量与猪肉价格之间的关系，得出生猪生产存在着四年左右的周期。随着研究的深入，分析方法更加丰富。Talpaz（1974）进一步提出高频蛛网理论，指出生猪等农产品在较长的周期中可能有几个短周期同时存在，在较长周期内需要识别短周期。Jasmina（1994）利用遗传学习算法修正了蛛网模型理论，通过模拟发现该方法可以在更大范围内得到理性预期方程的参数值。Ruth等（1998）建立非线性和动态模拟模型，发现生猪价格变化周期为2年。Tim（1999）采用谱分析和交叉谱技术研究了20世纪80—90年代澳大利亚生猪生产周期，研究发现澳大利亚的生猪生产周期在缩短。Dorfman和Park（2009）采用贝叶斯自回归趋势平稳模型分析了140年间美国生猪存栏量及其增长率，发现了5种长度不等的生猪存栏周期，分别是4.5年、5.4年、6.8年、10年和13年。

生猪生产波动一直是中国政府部门和学术界关注的热点和焦点，国内已有关于生猪产业发展与生产波动问题的研究相对丰富，涉及生猪生产波动趋势及影响因素等方面，为本研究提供了有益的参考和借鉴。

（一）生猪生产波动周期研究

国内有关生猪生产波动的研究起步相对较晚，直到20世纪80年代，生猪价格问题才逐步受到关注。这主要是因为1985年以前，中国生猪市场一直实行计划经济体制下的国家定价制度，生猪价格相对稳定（廖翼和周发明，2012）。随着1985年生猪购销市场的开放，中国生猪价格在市场机制作用下呈现出明显的周期性波动特征（辛贤和谭向勇，1999；綦颖等，2007；王芳和陈俊安，2009），且随着时间的推移，尤其是2003年之后，波动幅度愈发剧烈。相关文献涉及对产量波动趋势的研究和对价格波动趋势的研究两大方面。

1. 产量周期波动研究

国内已有关于猪肉产量波动周期的研究，主要包括产量波动周期的测定以及波动成因方面。选取生猪出栏量、生猪存栏量、猪肉产量等指标对生猪生产周期进行描述分析是相关文献中的常见方法。此外，随着计量方法的发展应用，滤波法等方法开始应用到生猪生产波动研究中来。

部分研究通过猪肉产量变动趋势图直观分析猪肉产量统计数据，对中国猪肉产量波动周期进行划分。林智元（1990）通过分析1952—1988年生猪出栏数量和猪肉产量这两个指标数据增减情况，将生猪生产划定为三个大的周期波动，认为影响生猪生产波动的因素主要有粮食丰歉、政策背景、流通情况等。何晓群（1990）通过分析1952—1988年猪肉产量、生猪年底存栏头数、出口活猪数量和生猪收购数量变动情况，将生猪生产划分为9个波动周期。刘政（1992）通过分析1952—1991年生猪出栏量指标，发现生猪生产共经历了6次大幅波动。陈顺友等（2000）通过分析1949—1999年猪肉产量数据，认为中国生猪生产共出现13次波动。

部分研究通过采用计量经济方法，定量测度中国猪肉产量波动周期。赵奉军（2009）应用谱分析方法研究了1978—2007年中国猪肉产量，发现猪肉产量存在6年左右的中周期和3.75年左右的短周期。陈蓉（2009）、岳冬冬和王征兵（2010）利用H-P滤波法分别对1952—2007年以及1949—2007年中国生猪生产数据进行分析，陈蓉（2009）测定了生猪年末存栏量波动周期、生猪出栏量波动周期和猪肉产量波动周期，认为中国生猪生产波动周期约为6年，岳冬冬和王征兵（2010）通过分析生猪年末存栏数量，发现中国生猪生产发生一次大的波动变化平均为6.8年。王俊能等（2012）采用经验模态分解和快速傅立叶变换对1980—2009年中国猪肉产量波动周期进行分析，结果表明，中国生猪生产波动周期以3.33年短周期为主，此外还存在一个较为清晰的5年中周期以及更长周期的波动尺度。

此外，也有学者从省级层面对猪肉产量波动进行了研究。岳冬冬（2010）利用速度法对陕西省年末生猪存栏数量进行分析，按照“谷—谷”周期划分法，将1950—2006年的57年划分为11个完整周期。潘国言（2011）和陈悦（2018）运用H-P滤波法分别对1978—2009

年湖南省生猪年出栏量和1989—2016年安徽省生猪存栏量及出栏量数据进行研究，潘国言（2011）将湖南生猪生产划分为四个波动周期，发现1978—2006年平均7～9年历经一次波动，2007—2009年波动是否持续有待验证，陈悦（2018）分析发现安徽省在此期发生6～7次周期波动，平均3～4年发生一次周期变化。

2. 价格波动研究

已有关于生猪价格波动周期的研究起步于20世纪80年代，但主要研究集中于21世纪以来。针对生猪价格近期波动的实际情况，结合生猪价格波动的历史，学者们对中国生猪价格波动周期问题进行了研究。

部分文献主要通过年度或月度的历史数据，描述时间序列的变化，对生猪价格波动趋势做初步划分。农业农村部生猪波动规律性研究课题组（2008）通过分析中国1985—2007年生猪价格发现，改革开放以来，中国生猪价格经历了6次明显波动，波动的平均周期约为6年，上升期和下降期平均分别为3.5年和2.5年左右。李秉龙和何秋红（2007）通过分析2000—2007年猪肉月度价格数据，綦颖等（2007）通过分析1984—2005年生猪价格数据，郭娉婷等（2014）通过分析2006—2015年生猪价格数据，均发现年度内中国生猪和猪肉价格是一个先高后低再高的U型变化周期。此外，李秉龙和何秋红（2007）发现中国猪肉价格短期波动与长期波动相比更加频繁，进入2000年以后，中国猪肉月度价格大致以三年为一个周期进行波动。綦颖等（2007）研究显示，1984—2005年间全国生猪市场价格共经历了四个大周期的波动，分别是1984—1987年、1987—1993年、1993—2000年和2000年以来。张兴华（2011）通过分析1985年生猪市场放开以来的猪肉市场价格，得出结论认为，猪肉价格波动已经经历了多个周期，每个周期为1～3年，且这种波动具有明显的季节性特征。

此外，部分文献采用HP滤波法、BP滤波法、季节调整模型以及MS-ARCH模型等方法对中国生猪价格周期进行划分。毛学峰和曾寅初（2009）、王宏梅（2019）采用 HP 滤波法分别对 1995—2008 年和 2000—2018 年生猪月度价格数据进行分析，毛学峰和曾寅初（2009）将生猪价格划分为五个完整周期，王宏梅（2019）发现大约经历了 4 个波动周期，每个周期为 4～6 年。董玲（2010）运用季节调整模型结合 HP 和 BP 滤波模型，对中国 1996—2008 年猪肉价格波动规律和周期进行测定，认为周期长度在 36～48 个月，平均周期长度约为 41.67 个月。王明利和李威夷（2010）使用趋势周期分解方法对 1995—2009 年中国生猪和猪肉价格月度数据进行分析，研究发现：中国生猪和猪肉价格共经历了 5 个完整周期，平均周期长度 30 个月。由于外部冲击的影响，价格周期长度变短，波动幅度增大。吕东辉等（2012）使用 MS - ARCH 模型对 2001—2011 年生猪价格波动特性进行分析，发现生猪价格波动存在上行区间、平稳区间和下行区间三种波动状态，上行区间其增长率波动性最高，平稳区间其增长率波动性最低，下行区间其增长率的波动性居中，且三种波动状态的转移较为频繁。石自忠等（2019）借助 MS - GARCH 类模型对 1994—2018 年猪肉价格月度数据的双重非对称效应进行分析，发现猪肉价格波动存在明显杠杆效应，且剧烈波动状态下猪肉价格波动的杠杆效应更为明显。赵奉军（2009）应用谱分析方法研究了 1978—2007 年生猪价格数据，发现生猪价格存在 7.5 年左右的中周期和 3 年左右的短周期，且生猪价格的波动周期与猪肉产量的波动周期长度不一致。

通过已有文献对生猪生产和价格周期的研究发现，猪肉产量和生猪价格存在着周期性波动，但由于截取的时间段、选取的指标数据以及采用的研究方法存在着不同，波动周期存在差异，生猪生产和价格存在着 3～4 年、6～7 年的周期。

（二）生猪生产波动影响因素研究

生猪生产的周期波动源于生猪市场中供需双方相互作用，使得价格和产量不断向新的均衡点动态调整（綦颖和宋连喜，2008；王宏梅，2020）。生猪价格由市场供求关系决定，生猪生产的影响因素主要包括生猪供给、生猪需求以及外部冲击等其他因素。

1. 供给方面

基于生猪供给角度的相关文献主要是从产业链价格传导、生产者行为以及养殖规模等方面展开研究。

从产业链价格传导角度来看，生猪养殖成本是影响生猪价格的关键因素，主要包括仔猪价格、物质与服务费用、流通成本、环境治理费用等（徐雪高，2008；廖翼和周发明，2012）。宋冬林和谢文帅（2020）、严斌剑和卢凌霄（2014）认为养殖成本中最主要的部分是饲料成本，饲料粮生产的增长速度对生猪产量的增长速度具有重要影响，玉米是生猪饲料主要成分，玉米价格的波动很大程度上影响着生猪价格。徐小华等（2011）应用门限自回归理论研究了2004—2009年中国生猪价格与玉米价格间的动态调整关系，结果表明生猪价格与玉米价格存在线性协整关系以及门限惯性长期均衡关系，生猪价格与玉米价格差减少时的调整速度比增加时的调整速度快。此外，随着经济的发展，人工成本不断提高，使得生猪价格整体呈上升趋势（许彪等，2014；Monia 等，2007；Miller 等，2001；Katrakilidis 等，2011）。

从生猪生产者行为角度来看，郭利京等（2014）运用市场微观结构理论对2001—2011年30个省份生猪价格和四类养殖场户生猪出栏量年度数据进行分析，发现生猪养殖场户应对价格波动的相机选择行为及其一致性程度是影响中国生猪供给及价格波动的关键。当养殖场户预期好的时候会增加生猪存栏量，反之则会大幅削减存栏量，对于生猪供给与市场价格的波动产生很大的影响（綦颖和宋连喜，2009；沈鑫琪和乔娟，2019；王宏梅和赵瑞莹，2019）。

从生猪规模化程度来看，部分学者定性分析了生猪规模化对生猪生产波动的影响。生猪养殖模式、规模和组织水平均影响养殖场户应对突发事件的能力（朱增勇，2020）。宋连喜和綦颖（2006）认为小规模养殖场户存在养殖基础设施薄弱、良种化程度低、饲养技术落后、疫病防控体系不健全等问题，小规模养殖场户组织化程度低，养殖技术水平不高，生猪生产承受市场风险能力弱，缺乏及时准确的市场信息和预测能力，具有极强的从众心理，价格下跌时一哄而散，使生猪市场价格频繁震荡。李明等（2012）通过分析中国生猪价格波动的过程，发现生猪的规模化饲养有助于稳定市场、减弱猪肉市场价格波动。另有部分学者基于定量分析，对生猪养殖规模与价格波动关系进行研究。辛贤和谭向勇（1999）建立了生猪供需理论模型对生猪和猪肉价格波动展开研究，发现从长期价格趋势来看，散养户和小规模户是生猪价格上涨和下跌的主要推动力量，随着集约化程度不断提高，小规模户的退出以及大规模户的增多会推动生猪价格不断上涨。田文勇等（2016）运用 H-P 滤波分解及脉冲响应函数等时间序列分析法，探讨了中国 2001—2015 年生猪养殖规模变化与生猪价格波动之间的动态关系，发现生猪规模养殖对生猪价格波动有正向影响。

2. 需求方面

猪肉消费是影响生猪生产波动的重要因素。具体来讲，居民收入水平、家庭人口数量及结构、消费习惯以及相关替代品的价格是影响生猪价格波动的重要原因。虞祎等（2009）选取 1985—2007 年的猪肉价格为研究对象，将中国猪肉市场分为城乡两个相对独立的市场，根据均衡转移模型的理论，分析外部因素对猪肉价格的影响程度，发现猪肉消费受替代品价格、收入及人口等因素的影响，任何一个因素变动，都会刺激市场产生新的均衡，发生价格波动。宁攸凉和乔娟（2010）通过对数线性模型分析了 2000—2009 中国生猪价格波动影响因素，发现居民收入水平、人口数量与猪肉需求量成正向相关关系，但消费者收入水平达到一定程度后，会减少猪肉消费。消费者的消费习惯、消费偏好以及替代品价格通过转移消费需求，进而也会影响生猪价格。

3. 外部冲击

动物疫情、宏观经济、国家政策等外部冲击是引起生产波动的根本诱因（王明利和肖红波，2012；潘方卉等，2016）。首先，重大动物疫情的暴发具有突发性和广泛性，是生猪产业面临的主要外部冲击（张喜才等，2012）。疫病会造成生猪发病率、死亡率提高及生猪非正常性出栏，从而加速产业去产能，减少市场供给，对市场价格起到助涨助跌作用（王秀清等，2007；易泽忠等，2012）。由于生猪生产时滞的影响（王杜春，2013），市场供给不会在短时间内得以恢复，疫病对生猪市场价格的冲击表现为持续性（赵全新，2017）。刘明月等（2020）利用2010—2020年月度数据，选择玉米、仔猪、生猪、猪肉等生猪产业链上下游产品的价格及疫情宽度指数构建向量自回归模型，对中国生猪价格波动的影响因素及其影响程度进行分析，结果显示生猪疫病的暴发通过外部冲击机制对生猪价格波动产生显著影响。

此外，罗千峰和张利庠（2018）基于B－N分解法对中国生猪价格波动特征进行研究，发现宏观因素和环境规制会进一步促进猪肉价格上涨。蔡勋和陶建平（2017）构建了基于有向无环图技术的SVAR模型，分析了货币流动性对猪肉价格波动的影响。实证分析结果表明，除猪肉价格自身惯性波动因素外，货币流动性是猪肉价格波动的主要原因，并且对猪肉价格波动的影响存在时滞性。王宏梅等（2020）分析了2000年1月至2019年11月中国生猪价格波动特征，研究认为：政策调控在一定程度上直接影响到生猪生产以及价格的波动，国家针对生猪价格波动所做的调控政策可以在短时间内平抑价格，但也存在力度过大时会造成新一轮的猪价涨跌；国家实施的宏观调控措施，在短时间期内可以抑制猪肉价格波动，长期来看会加大生猪价格的波动程度。

4. 文献评述

已有文献对生猪产业发展与生产波动问题进行了相对丰富的研究，但学者们对于部分关乎生猪产业供给保障的关键问题还存在争议。例如，生猪生产波动周期的测定，其研究结论存在的差异主要包括两方面：一是选取的研究指标存在不同，有学者选用生猪出栏数量和猪肉产量指标共同分析波动规律，而有学者选用生猪年末存栏数量这一单一指标来反映生猪生产波动的规律。二是选取的研究时段不同，有学者选用改革开放以来的相关数据，而有学者选用时间序列更长，追溯至新中国成立初期。三是对波动幅度大小的把握不同，有学者将波幅较小的生猪生产波动独自列为一周期，有学者将其作为其他较大波幅的周期的组成部分。此外，已有文献多是基于时域分析方法开展关于生猪生产波动研究，时域分析方法依靠时间序列值之间的相关关系及其统计规律开展分析，较难区别时间序列所包含的各种周期分量的作用效果，从而导致对经济周期波动的本质认识不足。

总体来看，已有文献对生猪生产波动的研究多集中于 21 世纪初期及之前，近些年的生猪生产波动出现了与以往不同的新特征，相关研究相对缺乏。本研究聚焦保障农产品有效供给这一重要议题，以生猪产业为例，分析生猪生产规律、影响因素和内在机理，分解生猪生产成本变动成因，评价生猪产业国际竞争力，反思生猪生产波动带来的危害、产业体系中存在的问题，研判生猪产业发展前景，提出中国生猪产业发展的对策建议。

三、研究内容

本研究的结构安排如下：

第一章，导论。阐述研究背景和研究意义，回顾和评述已有相关研究文献，明确研究内容。

第二章，生猪产业发展历程及现状研判。概要分析全球生猪生产、消费和贸易的演变趋势，系统梳理新中国成立以来国内生猪产业发展的历程及各发展阶段的主要特征。

第三章，生猪生产增长演变及动因测度。研判猪肉产量增长的演变趋势，并分别基于生猪养殖全过程视角和生猪育肥期视角对猪肉产量增长动因进行分解分析。

第四章，生猪生产波动周期测定及影响因素。基于猪肉产量、生猪出栏量、生猪存栏量、能繁母猪存栏量和生猪价格等指标数据分析中国生猪生产和价格的演变趋势，并在 H－P 滤波分解的基础上利用基于谱分析的周期图方法定量测度中国生猪生产和价格波动周期。剖析影响生猪生产波动的生物机制、市场机制和生产结构等周期性波动因素，以及疫病和政策等阶段性波动因素，并运用干预模型计量分析方法实证分析非洲猪瘟、猪蓝耳病、环保政策等外部冲击对生猪生产波动的影响。

第五章，生猪生产成本变动及因素分解。在分析中国生猪生产成本变动趋势特征的基础上，通过成本要素分解，分析中国生猪生产成本变动的动因以及中美生猪生产成本差距变动的推动因素。

第六章，生猪产业国际竞争力评价。基于产业发展视角构建包含资源禀赋竞争力、生产竞争力、消费竞争力和贸易竞争力等一级指标及相关二级指标的生猪产业国际综合竞争力评价指标体系，对中国、美国、德国、巴西、西班牙、俄罗斯等生产、消费和贸易大国生猪产业国际综合竞争力进行评价，并与传统的基于贸易视角的竞争力评价结果进行对比分析。

第七章，生猪产业发展前景判断及对策建议。在剖析中国生猪产业发展存在的问题，梳理国际生猪产业发展积累的有益经验，以及研判中国生猪产业发展前景的基础上，就如何推动生猪产业转型升级和实现稳定发展提出对策建议。

第二章　生猪产业发展历程及现状研判

过去半个世纪，全球生猪产业的生产、消费和贸易等均实现了大幅度发展提升。新中国成立以来，中国生猪产业在综合生产能力、标准化规模化养殖、现代化建设等多方面取得巨大成就，在保障食物安全、促进农民增收、推动国民经济平稳发展等方面发挥重大作用。

一、国际生猪产业发展概况

1961 年以来，全球生猪生产总体上呈现波动增长趋势，消费量显著增加，猪肉占肉类供需比重整体稳定；全球猪肉贸易量持续上升，增速变动的阶段性特征明显。

（一）全球生猪生产发展概况

1. 全球生猪存栏波动上升，猪肉产量显著增长

1961—2020 年全球生猪存栏量总体呈现波动中上升趋势，近年存栏总量趋减。全球生猪存栏量自 1961 年的 4.06 亿头增长到 2020 年 9.38 亿头，增长幅度为 1.31 倍（图 2－1）。其间部分年份存栏量存在阶段性下降，如 1968—1969 年、1975—1976 年、1981—1982 年和 2016—2019 年。2015 年生猪存栏量达到历史最高值 9.92 亿头，近年来存栏总量趋减。趋减原因主要是由于 2018 年 8 月以来中国暴

发非洲猪瘟疫情，生猪存栏量在 2019 年锐减，导致全球生猪存栏量在 2019 年出现大幅度下降，下降至 8.38 亿头。随着中国生猪存栏量的恢复性增长，2020 年全球生猪存栏量有所恢复，增长至 9.38 亿头，但较 2015 年的历史高点仍有 0.54 亿头的差距。从年均增速来看，全球生猪存栏量增速呈现明显放缓趋势。1961—2020 年全球生猪存栏量年均增速为 1.43%；1961—1970 年和 1970—1980 年，全球生猪存栏量增长较快，增速分别为 3.37%和 3.84%；1980 年以来全球生猪存栏量增速明显放缓，1980—1990 年、1990—2000 年和 2000—2010 年年均增速分别为 0.63%、0.57%和 0.78%，2010—2020 年全球生猪存栏量出现负增长，年均增速为−0.36%。

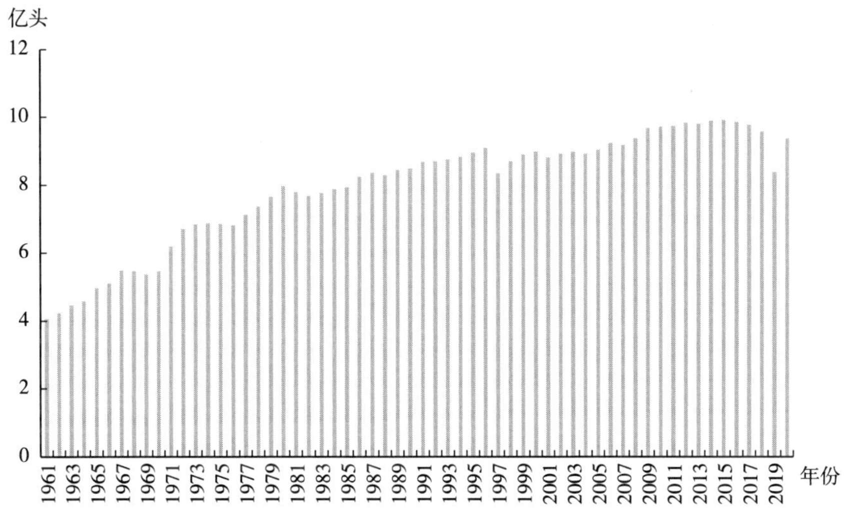

图 2-1　1961—2020 年全球生猪存栏量

数据来源：FAOSTAT。

虽然近年来受中国猪肉产量下降影响，全球猪肉产量出现较为明显的阶段性下滑，但总体来看，1961—2020 年全球猪肉产量增长显著。根据 FAO（联合国粮农组织）统计数据，1961 年全球猪肉产量为 2 474.72 万吨，2020 年全球猪肉产量达到 10 825.22 万吨，增长了 3.37 倍；2018 年全球猪肉产量达到历史最高值，为 11 907.37 万吨（图 2－2）。其中，1969 年、1973 年、1975—1976 年、1996 年、2000 年、2007 年、2016 年以及 2019 年猪肉产量存在阶段性下降，2019 年受中国猪肉大幅减产影响，全球猪肉产量降幅高达 9.15%。1961—2020 年全球猪肉产量年均增速 2.53%，60 年间生猪增长速度不断下降，1961—1970 年、1970—1980 年、1980—1990 年、1990—2000 年、2000—2010 年和 2010—2020 年猪肉产量年均增速分别为 4.19%、3.94%、2.84%、2.50%、1.93% 和 0.01%。可以看出，全球猪肉产量由 1961—1980 年的高速增长阶段以及 1980—2000 年的中低速增长阶段，逐渐步入 2000—2020 年的进一步放缓增长阶段，高速增长阶段主要得益于亚洲地区猪肉产量快速提高的带动，增速放缓的原因主要包括生猪生产规模基数增大、环境资源约束、重大疫病冲击、粮食供需紧张、饲料价格上涨等。21 世纪以来，中国、美国、欧盟和巴西猪肉产量占全球猪肉产量的比重稳定在 75%～80%。在欧盟国家中，德国是最大的猪肉生产国，2020 年猪肉产量 511.80 万吨，在欧盟国家中占 22.04%。

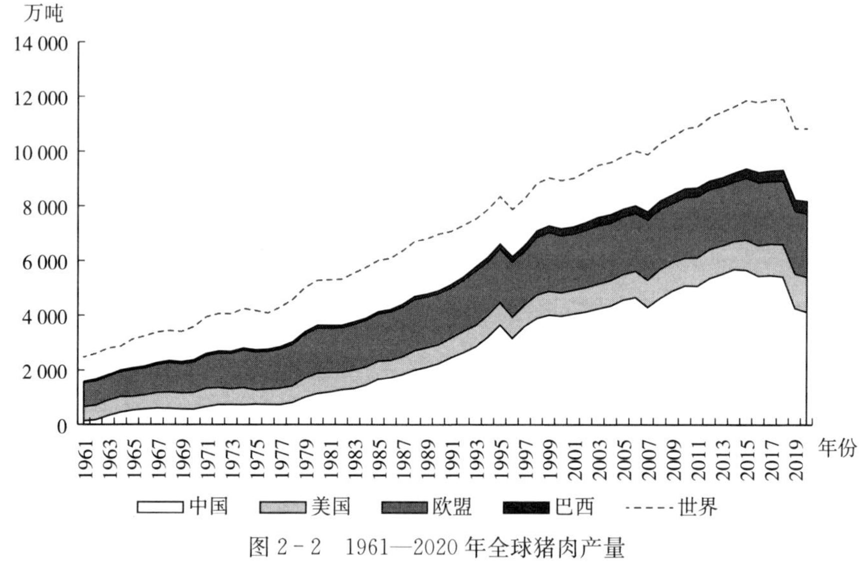

图 2－2　1961—2020 年全球猪肉产量

数据来源：FAOSTAT。

2. 美国、中国、巴西和欧盟稳居四大主产国（地区），巴西产量近年增速最快

从世界生猪生产布局来看，生猪产能主要集中在亚洲、北美洲和欧洲，如中国、欧盟、美国、巴西、俄罗斯、越南、墨西哥、加拿大等国家和地区，2020 年上述国家和地区生猪存栏占全球生猪存栏的 80％以上。其中，美国、中国、巴西和欧盟稳居四大主产国（地区），俄罗斯、越南、加拿大、墨西哥、菲律宾以及韩国等猪肉产量相对较小。

中国、欧盟、美国和巴西占全球猪肉生产总量的份额呈现先增后降趋势。1961 年四大主产国（地区）猪肉生产所占份额为 64％，2010 年增长至 80％，2020 年为 75％。具体来看，1961 年全球猪肉产量为 2 474.72 万吨。其中，中国 137.00 万吨，占比 5.54％；欧盟 870.13 万吨，占比 35.16％；美国 517.40 万吨，占比 20.91％；巴西 53.41 万吨，占比 2.16％。2010 年全球猪肉产量为 10 817.15 万吨。其中，中国 5 071.24 万吨，占比 46.88％；欧盟 2 221.83 万吨，占比 20.54％；美国 1 018.57 万吨，占比 20.54％；巴西 319.50 万吨，占比 2.95％。2020 年全球猪肉产量为 10 825.22 万吨。其中，中国 4 113.33 万吨，占比 38.00％；欧盟 2 321.87 万吨，占比 21.45％；美国 1 284.51 万吨，占比 11.87％；巴西 448.20 万吨，占比 4.14％。

2010 年以来，在全球猪肉产量增长速度进一步放缓的大背景下，四大主产国（地区）中，巴西和美国猪肉产量仍保持了相对较快的增长速度。2000—2010 年，巴西和美国猪肉产量年均增速分别为 2.08％和 1.71％，高于或者接近于全球平均水平 1.94％；2010—2020 年，巴西和美国猪肉产量年均增速分别为 3.44％和 2.35％，均明显高于全球平均水平 0.01％。欧盟猪肉产量增速明显放缓，2000—2010 年和 2010—2020 年生猪年均增速分别为 0.64％和 0.44％。中国 2000—2010 年生猪年均增速为 2.49％，高于全球年均水平，实现了较快增长；但 2010—2020 年，因受 2018 年 8 月以来非洲猪瘟疫情影响，年均增速降至－2.07％（表 2－1）。

表 2-1　1961—2020 年全球猪肉产量年均增速

单位：%

年份	全球	欧盟	中国	巴西	美国
1961—1970 年	4.19	2.85	17.01	4.10	1.83
1970—1980 年	3.94	3.90	7.24	2.49	2.15
1980—1990 年	2.84	1.27	7.02	0.69	−0.79
1990—2000 年	2.50	1.12	5.90	9.49	2.13
2000—2010 年	1.94	0.64	2.49	2.08	1.71
2010—2020 年	0.01	0.44	−2.07	3.44	2.35
1961—2020 年	2.53	1.68	5.94	3.67	1.55

数据来源：FAOSTAT。

从四大主产国（地区）发展历程来看，20 世纪 60—80 年代，美国和欧盟一直是全球两大主要的生猪生产国（地区），生产技术与机械化生产是其主要生产优势。在欧盟国家中，德国是最大的猪肉生产国，2020 年猪肉产量 511 万吨，在欧盟国家中占比 21.23%；丹麦是典型的出口导向型国家，其产出的农产品三分之二出口到国际市场，2020 年猪肉产量 158.32 万吨，在欧盟国家中占比 6.58%。中国逐渐发展成为世界上第一大生猪生产国（图 2-3），20 世纪 90 年代以来

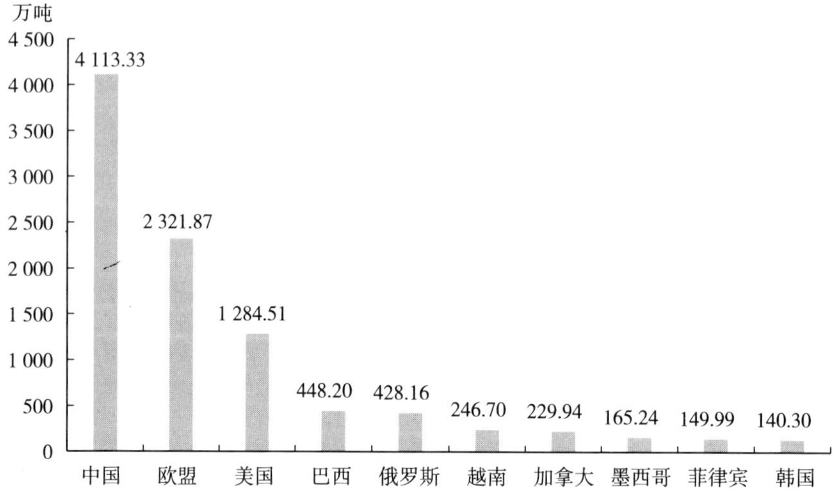

图 2-3　2020 年全球主要生产国（地区）猪肉产量

数据来源：FAOSTAT。

中国生猪产业迅速发展起来，养殖企业产业布局优化，生猪产业规模化、专业化和组织化水平不断提升，猪肉产量快速增长，亚洲猪肉产量占全球的比重逐步提高。巴西是美洲第二大猪肉生产国，21 世纪以来巴西玉米和大豆产量大幅上升，产量多次创历史新高，饲料供应充足，加之外国需求强劲，巴西生猪产业发展较快，加入到世界生猪生产大国之列（图 2－4）。

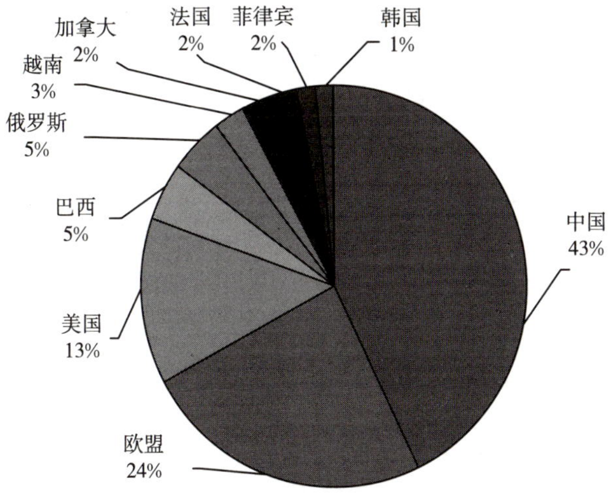

图 2－4　2020 年全球猪肉产量地区分布

数据来源：FAOSTAT。

3. 猪肉占全球肉类产量比重基本稳定，猪肉产量增速明显低于禽肉

从全球肉类生产结构的变动趋势来看，在过去半个多世纪全球肉类产量大幅增长的过程中，产品结构出现重大调整。1961—2020 年，全球猪肉产量占肉类总产量的比重基本保持稳定，其中，在前 30 年呈现小幅增长，之后直到 2000 年基本稳定在 38.00％以上，2000 年后呈现小幅下降，到 2020 年降至 31.54％。同期，牛肉和羊肉产量占全球肉类总产量的比重总体呈持续下降趋势，分别从 1961 年的 40.30％和 8.45％下降到 2020 年的 22.11％和 4.69％。禽肉在肉类总产量中的比重大幅提升，1961 年禽肉产量占全球肉类总产量的比重为 12.54%，2000 年禽肉比重提升至 29.44%，2016 年禽肉比重超过猪肉，到 2020 年禽肉比重已达 39.92%（图 2-5 和表 2-2）。

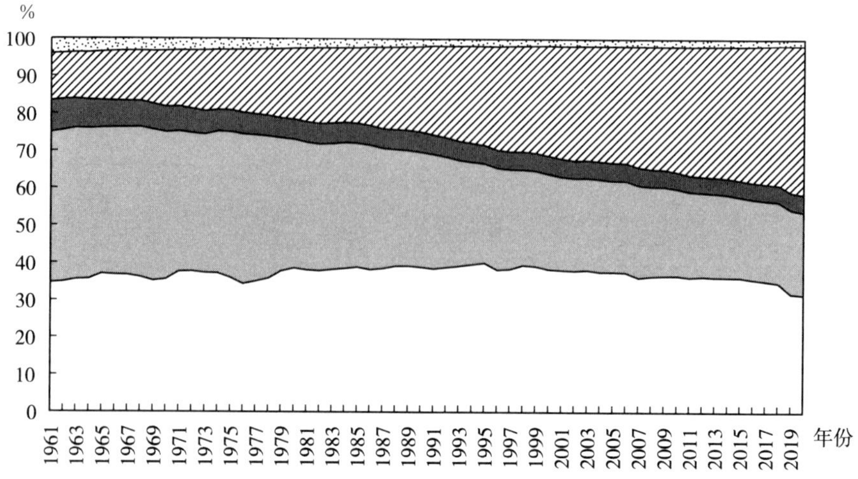

图 2-5　1961—2020 年全球肉类生产结构

数据来源：FAOSTAT。

表 2-2　1961—2020 年全球主要肉类产量占比

单位：万吨，%

类别	1961 年	1970 年	1980 年	1990 年	2000 年	2010 年	2020 年
肉类产量	7 135.71	10 066.18	13 673.14	17 948.65	23 318.77	29 578.89	34 322.52
猪肉比重	34.68	38.52	38.52	38.83	38.27	36.57	31.54
牛肉比重	40.30	39.40	34.50	30.81	25.56	23.25	22.11
羊肉比重	8.45	6.79	5.37	5.40	4.84	4.58	4.69
禽肉比重	12.54	15.00	18.98	22.84	29.44	33.58	39.92
鸡肉比重	10.59	13.05	16.75	19.73	25.17	29.50	35.10

数据来源：FAOSTAT。

猪肉产量增速明显低于禽肉。1961—2020 年，全球猪肉产量由 2 474.72 万吨，增长至 10 825.22 万吨，增长了 3.37 倍，年均增速 2.53%。其中 1961—1970 年和 1970—1980 年为高速增长阶段，两个十年间猪肉产量分别增长 1 104.79 万吨和 1 687.92 万吨，年均增速分别高达 4.19%和 3.94%；2010—2020 年猪肉产量增长缓慢，十年间增长 8.07 万吨，年均增速约 0.01%。全球牛肉产量 1961—2020 年由 2 875.38 万吨增长至 7 587.70 万吨，增长 1.64 倍，年均增速 1.66%。其中 1961—1970 年为高速增长阶段，十年间牛肉增长 1 090.58万吨，年均增速达 3.64%；1990—2000 年和 2010—2020 年为低速增长阶段，两个十年间分别增长 430.91 万吨和 710.85 万吨，年均增速分别为 0.75%和 0.99%。全球羊肉产量 1961—2020 年由 603.17 万吨增长至 1 610.50 万吨，增长 1.67 倍，年均增速 1.68%。其中 1980—1990 保持中高速增长，十年间增长 235.84 万吨，增速为 2.83%；1970—1980 年仅增长 51.04 万吨，十年间增速 0.72%。全球禽肉产量 1961—2020 年由 894.91 万吨增长至 13 702.92万吨，增长 14.31 倍，年均增速 4.73%。1961—1970 年、1970—1980 年、1980—1990 年和 1990—2000 年保持高速增长，四个十年间年均增速分别为 5.98%、5.57%、4.68%和 5.29%，2000—2010 年和 2010—2020 年增速略微放缓，分别为 3.76%和 3.27%。禽肉产量增速明显高于同期全球猪肉、牛肉及羊肉产量增速。

（二）全球猪肉消费发展概况

1. 全球猪肉消费总量显著增长，中国、欧盟和美国为主要消费国（地区）

随着全球猪肉产量的持续增长，以及在经济发展水平和居民收入水平不断提高的推动下，猪肉消费量也呈显著增长趋势。根据 FAO 统计数据，1961 年全球猪肉消费量 2 443.50 万吨，2020 年达到 11 325.80 万吨，增长了 3.64 倍，年均增速 2.63%。全球猪肉消费量分别于 1980 年突破5 000 万吨、1998 年突破 8 000 万吨、2008 年突破 1 亿吨关口，2018 年达到历史最高点 11 834.10 万吨。从年均增速来看，1961—1980 年全球猪肉消费量保持高速增长状态，1961—1970 年和 1970—1980 年猪肉消费量年均增速分别为 4.00%和 4.11%。此后猪肉消费量年均增速不断下降，1980—1990 年、1990—2000 年、2000—2010 年和 2010—2020 年，分别为 2.77%、2.24%、2.31%和 0.55%（图 2-6）。

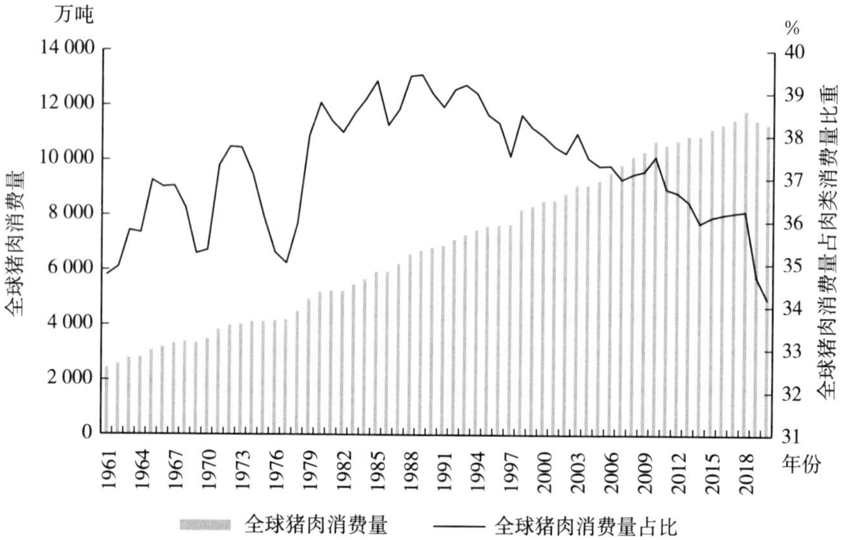

图 2-6 1961—2020 年全球猪肉消费量

数据来源：FAOSTAT。

中国、欧盟和美国为世界主要猪肉消费国（地区）。美国和欧盟自 20 世纪 60 年代起作为全球两大主要猪肉生产国（地区），一直也是猪肉消费大国，1961 年两国（地区）占全球猪肉消费量的比重高达到 53%。中国生猪产业在进入 20 世纪 90 年代后发展迅速，步入生猪生产大国和消费大国之列。1961—2020 年，上述三国（地区）猪肉消费量均有大幅增长。1961 年美国、中国和欧盟猪肉消费量分别为 524.10 万吨、134.80 万吨和 785.80 万吨，到 2020 年分别增长到 1 014.10 万吨、5 086.80 万吨和 1 745.70 万吨，分别增长了 490.00 万吨、4 952.00 万吨和 959.90 万吨，分别增长了 0.93 倍、36.74 倍和 1.22 倍，年均增速分别达到 1.13%、6.35%和 1.36%。中国猪肉消费量涨势迅猛，在全球猪肉消费总量中的占比由 1961 年的 5.52%增长到 2020 年的 44.91%，成为全球猪肉第一大消费国。此外，发展中国家猪肉消费量显著增长。1961 年发展中国家猪肉消费量为 7.60 万吨，占全球猪肉消费总量比重为 0.31%，2020 年增长到 139.20 万吨，占全球猪肉消费总量比重为 1.23%，60 年间增长了 131.60 万吨，增长了 17.32 倍，年均增速为 5.05%。

2. 全球人均猪肉消费水平稳定提升，各国之间差异显著

全球人均猪肉消费水平总体稳定提升。据 FAO 统计数据，1961 年全球猪肉人均消费量为 8.02 千克，2010 年增长至 15.61 千克后呈小幅下降趋势，2020 年降至 14.62 千克（图 2-7）。从全球人均猪肉消费量增速来看，1961—2020 年，人均猪肉消费年均增速为 1.02%。其中，20 世纪 60—80 年代增长较快，1961—1970 年、1970—1980 年年均增速分别为 1.95%和 2.20%。20 世纪 80 年代以来人均猪肉消费增速减缓，1980—1990 年、1990—2000 年以及 2000—2010 年分别为 0.95%、0.85%和 0.96%，2010—2020 年出现负增长，增速为 -0.65%。

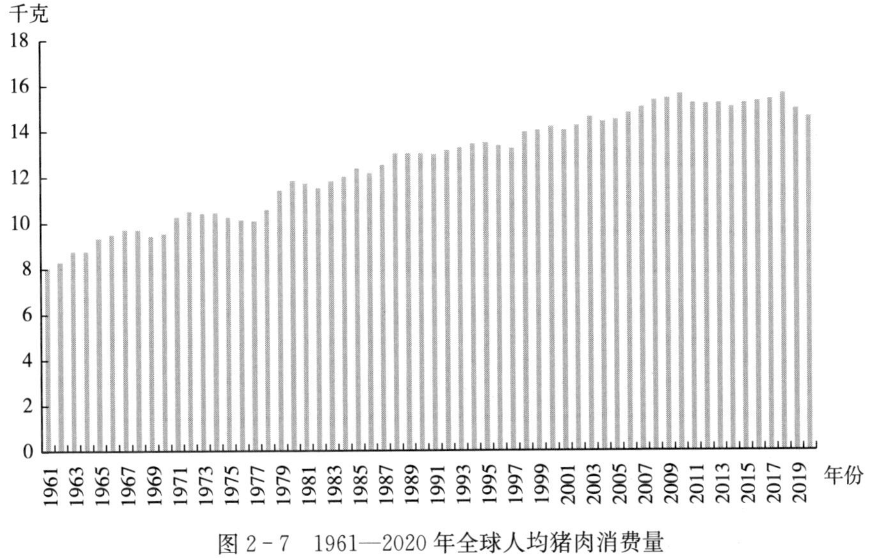

图 2-7　1961—2020 年全球人均猪肉消费量

数据来源：FAOSTAT。

各国人均猪肉消费水平差异显著。1961 年三大猪肉主要消费国（地区）美国、中国和欧盟人均猪肉消费量分别为 28.61 千克、7.83 千克、26.79 千克，到 2020 年分别增长到 30.64 千克、35.34 千克、39.21 千克，分别增长了 2.03 千克、27.51 千克、12.42 千克，分别增长了 0.07 倍、3.51 倍和 0.46 倍（图 2-8）。三大猪肉消费国（地区）中美国和中国人均消费量在 2000 年以来仍旧呈现增长趋势，但欧盟人均消费量已呈现逐步下降趋势。虽然三大猪肉消费国（地区）人均猪肉消费量远超全球人均猪肉消费量，但明显低于波兰、西班牙、立陶宛等国家。2020 年波兰人均猪肉消费量达到 54.95 千克，西班牙达到 52.56 千克（表 2-3），立陶宛达到 50.69 千克。此外，即使发展中国家人均猪肉消费量小幅增长，但与全球人均猪肉消费差距逐渐拉大。受经济发展水平、饮食习惯和宗教信仰等因素的影响，亚非拉等发展中国家人均猪肉消费量处于较低水平，1961 年为 1.12 千克，2020 年增长到 2.61 千克，但与全球人均消费水平差距逐渐拉大，由 1961 年的 6.90 千克扩大到 2020 年的 12.01 千克（图 2-9）。

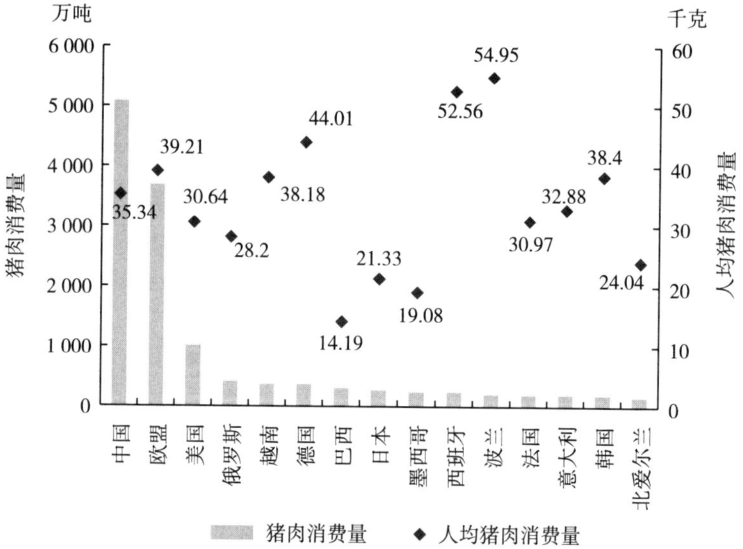

图 2-8　2020 年各国猪肉消费量与人均猪肉消费量

数据来源：FAOSTAT。

表 2-3　世界各国（地区）猪肉消费总量和人均消费量

单位：万吨，千克/人

国家（地区）	总消费量				人均消费量			
	1961 年	2000 年	2010 年	2020 年	1961 年	2000 年	2010 年	2020 年
中国	134.8	3574.5	5077.3	5086.8	2.04	27.92	37.09	35.34
欧盟	785.8	1872.0	1917.8	3687.0	23.58	43.66	43.21	39.21
美国	524.1	868.0	873.9	1014.1	27.69	29.54	27.99	30.64
俄罗斯	194.3	132.4	312.7	411.5	—	13.24	21.78	28.20
越南	25.0	133.5	302.7	371.7	7.37	16.50	34.41	38.18
德国	275.5	440.5	450.0	368.7	37.28	52.75	54.41	44.01
巴西	52.6	241.7	240.8	301.5	7.01	13.85	12.30	14.19
日本	20.2	224.5	250.8	269.7	2.17	17.85	19.51	21.33
墨西哥	42.2	123.4	182.8	246.0	10.57	11.88	16.02	19.08
西班牙	24.5	256.8	228.0	245.7	7.96	63.76	49.38	52.56
波兰	102.8	183.5	203.1	207.9	34.23	47.84	52.97	54.95
法国	120.2	222.3	217.4	202.2	25.94	37.55	34.38	30.97
意大利	39.3	213.4	253.4	198.8	7.88	37.45	41.87	32.88
韩国	6.3	107.5	150.8	196.9	2.44	23.37	30.44	38.40
北爱尔兰	134.2	142.9	147.1	163.2	25.29	24.15	23.61	24.04
菲律宾	20.6	123.6	171.8	159.0	7.58	15.92	18.28	14.51
缅甸	2.4	11.9	55.9	109.3	1.11	2.46	11.06	20.10
泰国	12.9	68.4	89.3	91.7	4.58	10.97	13.29	13.14
中国台湾	18.2	95.3	89.6	91.3	16.78	43.44	38.64	38.35
加拿大	48.1	93.3	83.6	80.7	26.27	30.39	24.49	21.39
乌克兰	—	68.0	73.9	73.2	—	13.86	16.13	16.73
罗马尼亚	26.3	55.0	64.7	66.4	14.15	24.58	29.58	34.50
阿根廷	18.2	29.4	31.6	65.2	8.69	7.97	7.72	14.42
澳大利亚	10.9	36.3	49.2	61.8	10.34	18.86	22.22	24.24
哥伦比亚	7.5	11.2	20.8	53.5	4.56	2.80	4.60	10.52

数据来源：FAOSTAT。

注：表中报告了 2020 年消费量大于 50 万吨的国家（地区），包含了欧盟成员国中消费量大于 50 万吨的国家。

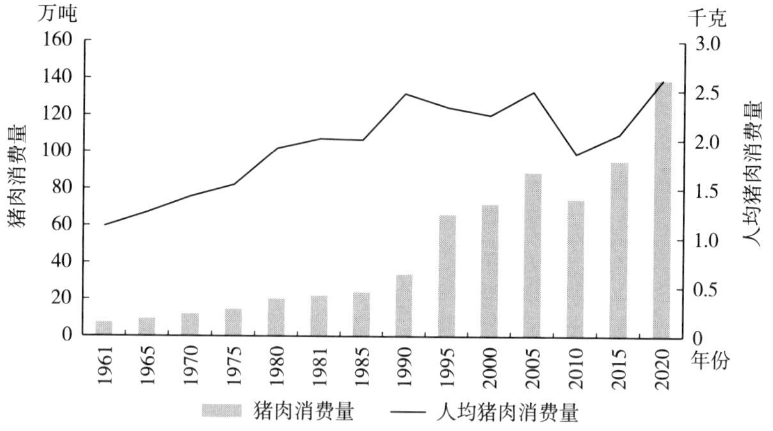

图 2-9　2020 年发展中国家猪肉消费量与人均猪肉消费量

数据来源：FAOSTAT。

3. 猪肉在肉类消费中占比基本稳定，中国猪肉消费变动对全球肉类消费结构变动影响显著

全球猪肉消费量占全球肉类总消费量的份额维持在 34%以上。根据 FAO 统计数据，全球猪肉消费量占肉类总消费量的比重在波动中呈现先增后减的趋势，1990 年之前猪肉消费量占肉类总消费量的比重总体呈上涨趋势，1961 年其占比为 34.74%，1989 年其占比增长至 39.43%，为历史最高值；此后呈现波动下降趋势，2020 年为 34.18%（表 2-4）。

表 2-4　1961—2020 年全球肉类消费结构

单位：万吨，%

类别	1961 年	1970 年	1980 年	1990 年	2000 年	2010 年	2020 年
肉类产量	7 034.20	9 848.70	13 424.70	17 540.30	22 470.60	28 587.90	33 135.30
猪肉比重	34.74	35.32	38.77	38.99	37.99	37.51	34.18
牛肉比重	40.64	39.99	34.67	30.92	25.63	22.55	21.26
羊肉比重	8.32	6.58	5.18	5.21	4.86	4.31	4.63
禽肉比重	12.46	15.03	18.84	22.86	29.44	33.70	38.37

数据来源：FAOSTAT。

从全球肉类消费的结构变动趋势来看，1961 年，猪肉、牛肉、羊肉和禽肉消费量分别为 2 443.50 万吨、2 858.40 万吨、585.00 万吨和 876.80 万吨，占全球肉类消费量的比重分别为 34.74%、40.64%、8.32%和 12.46%。2000 年猪肉和禽肉消费量分别增长至 8 537.50 万吨和 6 615.8 万吨，占全球肉类消费量的比重分别增长至 37.99%和 29.44%；牛肉和羊肉消费量分别增长至 5 759.00 万吨和 1 092.20 万吨，但占比存在不同程度的下降，分别为 25.63%和 4.86%。2020 年，全球猪肉消费量增长至 11 325.80 万吨，占全球肉类消费量的比重下降至 34.18%；牛肉和羊肉消费量分别为 7 043.80 万吨和 1 533.00 万吨，占比持续下降至 21.26%和 4.63%；禽肉消费量增长至 12 712.40 万吨，较 1961 年增长了 13.50 倍，占全球肉类消费量的比重大幅提升至 38.37%（图 2－10）。

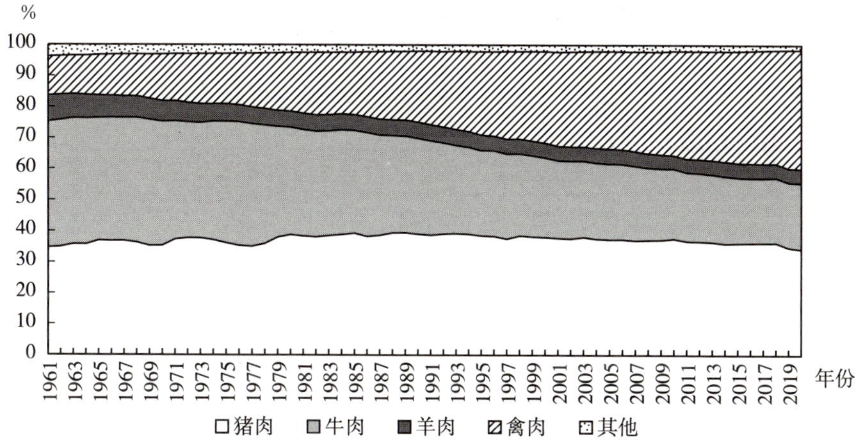

图 2－10　1961—2020 年全球肉类消费结构

数据来源：FAOSTAT。

中国猪肉消费变动对全球肉类消费结构变动影响显著。除中国外的全球肉类消费的结构变动趋势显示，1961 年，猪肉、牛肉、羊肉和禽肉消费量分别为 2 308.70 万吨、2 852.40 万吨、575.00 万吨和 814.90 万吨，占全球肉类消费量的比重分别为 33.88%、41.86%、8.44%和 11.96%。2000 年，猪肉、牛肉、羊肉和禽肉消费量分别增长到 4 963.00 万吨、5 265.40 万吨、825.90 万吨和 5 394.90 万吨，占全球肉类消费量的比重分别调整为 29.48%、31.27%、4.91%和 32.04%。2020 年，猪肉、牛肉、羊肉和禽肉消费量分别增长到 6 239.00万吨、6 083.30 万吨、991.40 万吨和 10 556.90 万吨，占全球肉类消费量的比重分别调整为 25.66%、25.02%、4.08%和 43.41%（图 2-11）。2020 年全球猪肉消费占比与除中国外的全球其他国家猪肉消费占比相差 8.52 个百分点，反映出中国猪肉消费对世界肉类消费结构影响巨大。

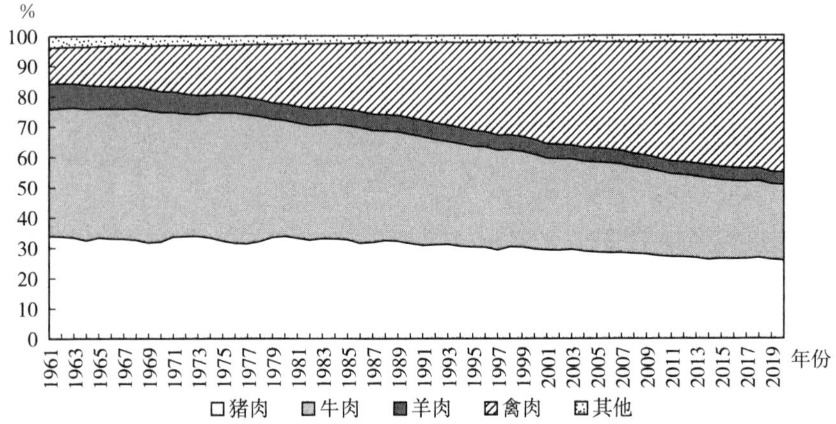

图 2-11　1961—2020 年全球肉类消费结构（除中国外）

数据来源：FAOSTAT。

（三）全球猪肉贸易发展概况

1. 全球猪肉贸易量持续上升，增速变动的阶段性特征明显

20 世纪 60 年代以来，随着全球猪肉产量和需求量的增加，全球猪肉进出口贸易量也持续增长，猪肉贸易额在波动中上升（图 2-12 和图 2-13）。1961 年，全球猪肉出口量 82.01 万吨，进口量 80.17 万吨；2020 年，全球各国猪肉出口量增长到 1 687.06 万吨，进口量增长到 1 628.51万吨。1961—2020 年，全球猪肉出口量和进口量分别增长了 1 605.04 万吨和 1 548.34 万吨，分别增长了 19.57 倍和 19.31 倍，年均增速分别达到 5.24%和 5.26%。

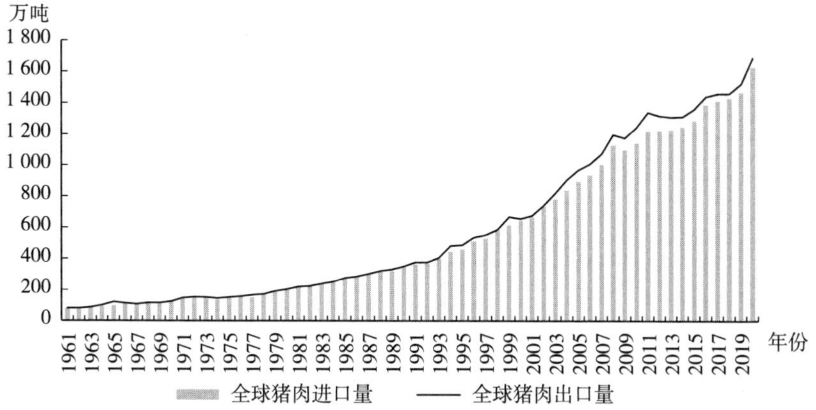

图 2－12　1961—2020 年全球猪肉贸易量

数据来源：FAOSTAT。

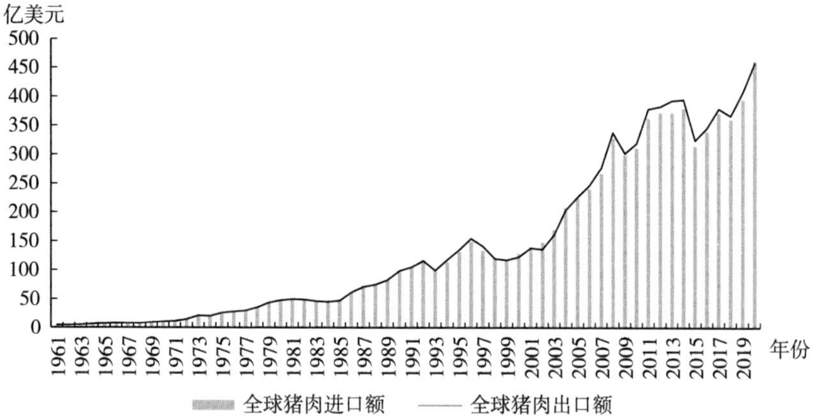

图 2－13　1961—2020 年全球猪肉贸易额

数据来源：FAOSTAT。

从猪肉贸易发展历史演变来看，全球猪肉贸易阶段性特征明显，大概经历先增、后降、再次提速三个阶段。从全球猪肉进口量来看，主要受美国、日韩等国家猪肉进口量增加影响，1961—2000 年猪肉进口量增速不断提升，由 80.17 万吨增加到 644.38 万吨，四个十年的年均增速分别为 4.58%、5.30%、5.45%和 6.55%。2010—2018 年间虽然猪肉进口量仍在增加，但增速逐渐放缓，2000—2010 年和 2010—2018 年年均增速分别降至 5.87%和 2.85%。此后，受中国非洲猪瘟疫情等因素影响，猪肉进口需求量上升，全球猪肉进口贸易再次提速，2018—2020 年增速达到 6.82%。从全球猪肉出口量来看，1961—2010 年猪肉出口增速不断增加，1961—2010 年全球猪肉出口量由 82.01 万吨增加到 1 237.89 万吨，五个十年的年均增速分别为 4.72%、5.03%、5.62%、6.47 和 6.55%。此后猪肉出口增速先降后增，2010—2018 年和 2018—2020 年年均增速分别为 2.07% 和 7.54%。

2. 猪肉出口集中度高，欧洲美洲主导全球猪肉出口格局

全球主要生猪出口国相对稳定，出口集中度较高。总体来看，全球猪肉贸易洲际间流动主要是从欧洲与美洲流向亚洲。欧洲、美洲主导全球猪肉产品出口贸易，猪肉出口量占全球猪肉出口总量的比重超过 95%，欧盟大部分猪肉流向亚洲的中国、日本、韩国和菲律宾。从国别来看，猪肉出口国（地区）主要集中于欧盟、美国、加拿大和巴西，上述国家猪肉出口量占世界猪肉出口总量的比重超过 90%，猪肉出口高度集中。

20 世纪 60 年代，欧盟是当时猪肉主要出口地区，其猪肉出口数量占全球生猪出口总量的比重超过 84%。20 世纪 70—90 年代，中国猪肉出口贸易在世界占有一席之地，但猪肉出口规模较小，中国猪肉出口贸易量占全球猪肉出口贸易量的比重呈现逐渐下降趋势，1970 年、1980 年和 1990 年其占比分别为 7.15%、3.51% 和 3.76%；20 世纪 80 年代加拿大和美国生猪出口数量迅速增加并超越中国。1980 年加拿大、美国和中国猪肉出口占比分别为 5.81%、4.44% 和 3.51%；2000 年以来巴西猪肉出口增长的速度加快，出口比重不断提升。2000 年以来，欧盟、美国、加拿大和巴西稳居全球猪肉四大主要出口国（地区）的位置，2000 年其猪肉出口量分别为 464.20 万吨、61.40 万吨、55.19 万吨和 14.38 万吨，占全球猪肉总出口量的比重分别为 70.75%、9.36%、8.41% 和 2.19%；2020 年猪肉出口量分别为 1 011.13 万吨、285.49 万吨、143.19 万吨和 117.31 万吨，占比分别为 59.93%、16.92%、8.49% 和 6.95%（表 2-5）。

表 2-5　1961—2020 年生猪主要出口国（地区）

单位：万吨

1961 年		1970 年		1980 年		1990 年	
全球	82.01	全球	124.21	全球	202.90	全球	350.56
欧盟	69.00	欧盟	101.69	欧盟	169.65	欧盟	269.45
丹麦	38.77	丹麦	42.16	荷兰	52.04	荷兰	94.04
波兰	9.82	荷兰	21.56	丹麦	51.68	丹麦	64.33
荷兰	7.37	比利时—卢森堡	12.34	比利时—卢森堡	21.72	比利时—卢森堡	31.76
意大利	3.77	中国	8.88	加拿大	11.78	德国	27.90
南斯拉夫	3.52	波兰	5.74	匈牙利	10.11	加拿大	26.08
美国	3.39	爱尔兰	5.09	美国	9.01	匈牙利	19.19
加拿大	2.49	德国	3.93	德国	7.92	中国台湾	18.87
瑞典	2.21	加拿大	3.29	中国	7.12	法国	15.65
法国	1.64	美国	3.14	罗马尼亚	6.54	中国	13.20
比利时—卢森堡	1.35	瑞典	2.77	爱尔兰	4.96	美国	9.17
保加利亚	1.31	南斯拉夫	2.46	法国	3.36	北爱尔兰	5.64
中国	1.13	北爱尔兰	1.93	瑞典	2.80	爱尔兰	4.85
匈牙利	0.84	匈牙利	1.84	北爱尔兰	2.37	意大利	3.50
2000 年		**2010 年**		**2018 年**		**2020 年**	
全球	656.08	全球	1 237.89	全球	1 458.70	全球	1 687.06
欧盟	464.20	欧盟	821.09	欧盟	942.50	欧盟	1 011.13
丹麦	122.63	德国	193.00	美国	228.48	美国	285.49
荷兰	82.59	美国	170.73	德国	218.23	西班牙	245.07
美国	61.40	丹麦	144.30	西班牙	180.98	德国	211.55
比利时	61.20	西班牙	107.53	丹麦	129.13	加拿大	143.19
加拿大	55.19	荷兰	103.95	加拿大	116.88	荷兰	128.44
法国	52.19	加拿大	102.70	荷兰	114.05	丹麦	126.39
德国	41.24	比利时	76.73	比利时	76.77	巴西	117.31
西班牙	37.47	巴西	62.72	巴西	73.88	比利时	78.69
北爱尔兰	21.42	法国	58.40	波兰	57.93	法国	53.60
匈牙利	14.54	波兰	33.47	法国	48.97	波兰	45.50
巴西	14.38	奥地利	23.54	北爱尔兰	25.45	墨西哥	29.44
意大利	12.68	意大利	19.98	意大利	24.10	北爱尔兰	28.85
奥地利	11.46	匈牙利	19.03	爱尔兰	21.56	意大利	24.28

数据来源：FAOSTAT。

若将欧盟各成员国作为独立个体来看，早期全球生猪主要生产国主要是欧盟成员国中的丹麦、波兰、荷兰、意大利、德国、瑞典和法国，以及美国共同构成。中国虽然在21世纪之前一直位列全球猪肉出口国前十位，但出口数量一直相对较小。后期猪肉主要生产国包括欧盟成员国中的西班牙、德国、荷兰、丹麦、比利时、法国、波兰和意大利，以及加拿大、美国和巴西（表2-6）。1961—2020年，全球前十大出口国（不包含欧盟整体）猪肉出口总量占全球猪肉出口总量的比重从90.66%调整为85.07%，虽然有一定下降，但出口集中度仍处于较高水平。

表2-6　2020年全球猪肉主要出口国（地区）贸易量占比

主要出口国（地区）	占比（%）
欧盟	59.93
美国	16.92
加拿大	8.49
巴西	6.95
墨西哥	1.75
总计	94.04

数据来源：FAOSTAT。

3. 猪肉进口国调整较大，中国猪肉进口量增长显著

世界猪肉贸易总量规模巨大，当前全球主要猪肉进口国（地区）为中国、欧盟、北爱尔兰、日本、墨西哥和韩国等。其中，进口增长趋势相对稳定的国家（地区）是欧盟和日本。据FAO统计数据，1961年欧盟猪肉进口量为14.62万吨，2020年增长到583.15万吨，其进口量占全球猪肉进口总量由18.32%增长至35.81%，进口贸易水平大幅提升（表2-7）。如果将欧盟各成员国作为独立个体来看，其中，德国、法国、意大利是相对稳定的猪肉进口大国，1961年该三国猪肉进口量占比分别为7.19%、5.12%和1.11%；2020年猪肉进口量占比调整至5.69%、2.47%和

5.88%，法国进口量调减，意大利猪肉进口量小幅提升。自20世纪70年代起，随着日本猪肉消费水平的明显提升，日本进口量大幅增加，1970—2020年日本猪肉进口量由1.75万吨增长到109.87万吨，占全球猪肉进口总量的比重由1.46%增长至6.75%。1961年北爱尔兰猪肉进口贸易量位列第一，为50.28万吨，占全球猪肉进口总量比重高达62.71%。近半个多世纪以来北爱尔兰猪肉进口量基本平稳，但其占全球猪肉进口比重大幅下降，2020年其进口量为74.56万吨，占比降至4.58%。墨西哥和韩国猪肉消费在很大程度上依赖于从国际市场进口，21世纪以来墨西哥和韩国的猪肉进口量显著增加，2000年其猪肉进口量分别为24.16万吨和16.95万吨，占比分别为3.75%和2.63%；2020年墨西哥和韩国猪肉进口量分别增长至81.48万吨和51.28万吨，占比增长至5.00%和3.15%。中国长期以来猪肉基本上自给自足，20世纪90年代之前猪肉进口量较少，20世纪90年代以来尤其是2010年以来随着进口贸易规模逐年扩大，猪肉进口量迅猛增长，成为猪肉进口大国。2010年中国猪肉进口量仅为23.78万吨，2018年猪肉进口量增长至126.35万吨，受2018年8月以来非洲猪瘟疫情影响，国内猪肉产能受损，猪肉进口量激增，2020年中国猪肉进口量增至451.64万吨（表2-8）。

表2-7　2020年全球猪肉主要进口国（地区）贸易量占比

主要进口国（地区）	占比（%）
欧盟	34.57
中国	27.73
日本	6.75
墨西哥	5.00
韩国	3.15
总计	77.20

数据来源：FAOSTAT。

表 2-8　1961—2020 年全球猪肉主要进口国（地区）

单位：万吨

1961 年		1970 年		1980 年		1990 年	
全球	80.17	全球	119.93	全球	200.92	全球	341.59
北爱尔兰	50.28	欧盟	54.64	欧盟	108.15	欧盟	181.63
欧盟	14.62	北爱尔兰	47.80	北爱尔兰	41.81	德国	57.63
德国	5.76	法国	18.64	德国	38.25	意大利	50.54
捷克斯洛伐克	4.55	德国	12.42	意大利	33.35	北爱尔兰	40.85
法国	4.11	意大利	10.16	法国	25.65	德国	34.75
美国	2.01	波兰	4.51	苏联	14.30	法国	33.80
加拿大	1.96	匈牙利	4.13	日本	11.00	苏联	27.87
阿尔及利亚	1.36	捷克斯洛伐克	3.67	美国	9.80	美国	25.28
匈牙利	1.07	美国	2.94	中国香港	3.73	南斯拉夫	9.62
中国香港	0.95	中国香港	2.36	荷兰	2.41	中国香港	8.31
意大利	0.89	日本	1.75	捷克斯洛伐克	1.96	西班牙	7.17
委内瑞拉	0.78	瑞典	1.59	比利时—卢森堡	1.95	比利时—卢森堡	7.01
西班牙	0.59	瑞士	1.44	加拿大	1.71	罗马尼亚	6.48
比利时—卢森堡	0.51	比利时—卢森堡	1.40	波兰	1.36	希腊	5.98

2000 年		2010 年		2018 年		2020 年	
全球	644.38	全球	1 140.20	全球	1 427.30	全球	1 628.51
欧盟	310.10	欧盟	566.66	欧盟	640.18	欧盟	583.15
德国	81.21	德国	110.49	中国	126.35	中国	451.64
日本	79.87	意大利	104.29	日本	114.20	日本	109.87
意大利	77.46	日本	94.23	意大利	108.66	意大利	95.74
北爱尔兰	63.99	北爱尔兰	84.47	德国	106.94	德国	92.73
法国	41.92	俄罗斯	74.00	墨西哥	97.65	墨西哥	81.48
美国	40.49	墨西哥	57.20	北爱尔兰	82.64	北爱尔兰	74.56
墨西哥	24.16	波兰	56.94	波兰	80.86	波兰	69.64
希腊	23.58	法国	48.31	韩国	69.63	韩国	51.28
俄罗斯	23.18	美国	39.59	美国	50.28	美国	41.77
中国香港	18.66	韩国	35.44	法国	44.62	法国	40.17
韩国	16.95	荷兰	32.42	罗马尼亚	33.81	荷兰	33.40
中国香港	16.53	中国香港	27.14	捷克斯洛伐克	33.46	捷克	32.32
葡萄牙	10.57	中国	23.78	荷兰	28.26	罗马尼亚	32.28

数据来源：FAOSTAT。

4. 猪肉生鲜冷冻品贸易比重大幅提升后趋于稳定，熟制品贸易份额萎缩至约一成

猪肉贸易产品包括猪肉生鲜冷冻品和熟制品两大类。猪肉生鲜冷冻品在全球猪肉国际贸易中占主要比重，总体呈现持续上升趋势，熟制品占比不断下降。1961 年全球猪肉进口贸易产品中生鲜冷冻品进口量为 24.83 万吨，占比 35.25%，熟制品进口量 5.61 万吨，占比 64.75%；2020 年全球猪肉进口贸易产品中生鲜冷冻品进口量 1 349.67万吨，占比增长到 88.71%，熟制品进口量增长至 171.82 万吨，但其份额萎缩至 11.29%（图 2－14）。1961 年全球猪肉出口贸易产品中生鲜冷冻品贸易量为 24.90 万吨，占比 34.10%，熟制品出口量 48.12 万吨，占比 65.90%；2020 年全球猪肉进口贸易产品中生鲜冷冻品出口量大幅提升，为 1 384.90 万吨，占比增长到 88.77%，熟制品出口量 175.24 万吨，占比 11.23%（图 2－15）。

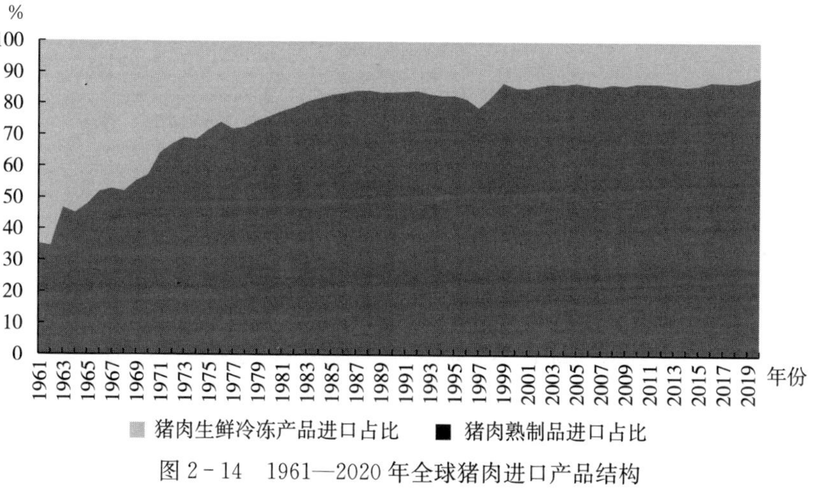

图 2－14　1961—2020 年全球猪肉进口产品结构

数据来源：FAOSTAT。

北爱尔兰、德国和法国是猪肉熟制品进口量相对较多的国家。2020 年进口猪肉熟制品分别为 30.68 万吨、12.94 万吨和 11.45 万吨，分别占其当年猪肉熟制品进口总量的 41.15%、13.95%、28.50%。美国、德国和荷兰是猪肉熟制品出口量相对较多的国家，2020 年猪肉熟

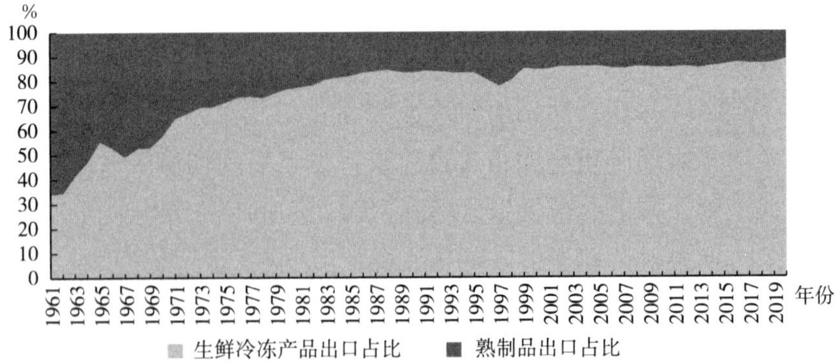

图 2-15　1961—2020 年全球猪肉出口产品结构

数据来源：FAOSTAT。

制品出口量分别为 21.33 万吨、21.12 万吨和 17.85 万吨，占其当年猪肉熟制品出口量的 7.47%、9.98%和 13.90%（表 2-9）。

表 2-9　2020 年全球猪肉熟制品贸易结构

单位：万吨

国家	进口量			国家	出口量		
	腌肉或熏肉	香肠	熟制品		腌肉或熏肉	香肠	熟制品
北爱尔兰	17.09	13.59	30.68	美国	6.01	15.32	21.33
德国	2.57	10.37	12.94	德国	5.23	15.88	21.12
法国	4.22	7.23	11.45	荷兰	10.58	7.27	17.85
比利时	1.74	5.19	6.93	意大利	7.20	7.56	14.76
荷兰	1.09	5.41	6.51	西班牙	6.72	7.73	14.44
丹麦	2.02	3.13	5.15	巴西	0.02	11.50	11.53
加拿大	2.54	2.59	5.14	巴哈马	2.07	6.05	8.12
墨西哥	1.26	3.75	5.00	丹麦	4.19	3.42	7.61
美国	3.41	0.93	4.34	奥地利	0.78	5.44	6.22
意大利	1.87	1.18	3.05	法国	0.68	4.61	5.29
西班牙	0.63	2.36	2.99	加拿大	3.47	1.44	4.90
爱尔兰	1.66	1.17	2.84	俄罗斯	0.00	4.45	4.45
捷克	0.49	2.19	2.68	白俄罗斯	0.01	3.37	3.37
罗马尼亚	0.47	1.85	2.33	斯洛伐克	0.04	3.03	3.07
奥地利	0.72	1.28	2.00	爱尔兰	1.09	1.73	2.82

注：数据来源：FAOSTAT。

二、中国生猪产业发展历程

中国生猪养殖历史悠久，最早甚至可追溯到新石器时代。中国将野猪驯化为家畜饲养也有将近六七千年历史。新中国成立以来，生猪产业发展大致经历了五个较为明显的发展阶段：1949—1977 年为改革开放前的生猪产业曲折发展阶段，1978—1984 年为改革初期的生猪产业恢复发展阶段，1985—2005 年为畜产品市场放开后的生猪产业快速发展阶段，2006—2013 年为畜牧业结构优化期的生猪产业转型发展阶段，2014 年以来为畜牧业绿色发展理念下的生猪产业提质增效发展阶段（图 2-16）。

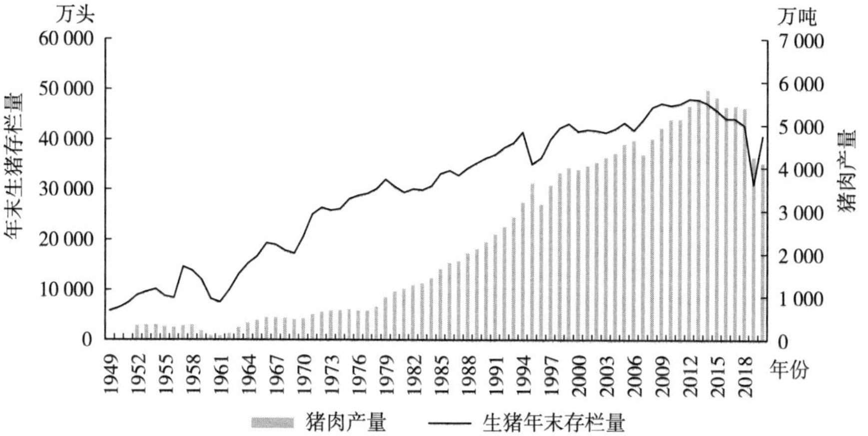

图 2-16　1949—2020 年中国猪肉产量

数据来源：《中国畜牧业统计》（历年）。

（一）第一阶段：1949—1977 年改革开放前的生猪产业曲折发展阶段

新中国成立后，经历了短暂经济恢复时期，此后受接踵而来的"合作化运动""大跃进"和"文化大革命"的影响，生猪产业经历了曲折发展。这一时期具体可细分为三个小阶段。

一是1949—1957年恢复发展阶段。新中国成立之初，畜牧业发展基础薄弱，家庭式种养结合是当时生猪养殖的主要形式，生猪养殖效率低、生猪出栏率低，猪肉的市场供给明显短缺，生猪生产和消费严格按国家计划调配，实行有计划的统购统销政策。1949年生猪年末存栏量仅为0.58亿头。随着国内外形势的逐渐稳定，国家相继颁发了《家畜保护暂行条例》《家畜防疫暂行条例》等相关政策措施，生猪产业由此得到发展。1956年国务院提出“私有、私养、公助”的生猪养殖鼓励方针，1957年国务院鼓励领导带头养猪，提出切实保障生猪饲料粮供给的措施，养殖场户生猪养殖积极性得到提高，生猪养殖规模逐渐扩大。1957年年底生猪存栏量发展到1.46亿头，为新中国成立初期生猪养殖规模的2.5倍。

二是1958—1966年曲折发展阶段。自然灾害与“大跃进”“人民公社化”运动造成的影响叠加，中国生猪产业在曲折中发展。其中1958—1961年，三年严重困难造成的生猪存栏数量骤减，到1961年生猪生产规模几乎降至新中国成立之初的水平，存栏量仅0.76亿头。1962年后自然灾害得到缓解，在社会经济建设上“左”倾之风得到一定遏制，国内开始实施经济结构调整，贯彻“公养与私养并举，以私养为主”的方针，重视畜牧业发展。到1966年，国内生猪存栏量增长到1.93亿头，较1961年增长了154%。

三是1967—1977年缓慢发展阶段。“文化大革命”发生后，国内经济建设得到一定破坏，取消生猪私养政策，畜禽养殖受到一定程度的阻碍，1969年生猪存栏量为1.73亿头，较1966年下降了10%。但后期采取了一些措施鼓励农户养猪，生猪生产得到一定发展，1977年“文化大革命”结束，生猪年末存栏量、全年出栏量和猪肉产量分别为2.9亿头、1.5亿头和684.0万吨。

（二）第二阶段：1978—1984年改革开放初期的生猪产业恢复发展阶段

伴随着改革开放的启动，中国生猪产业进入恢复发展阶段。家庭联产承包责任制的确立赋予了农民发展包括畜牧业在内的农业自主经营权，同时国家出台一系列措施鼓励农民饲养家畜，农民养猪积极性大大提高。如，1978年党的十一届三中全会纠正了片面发展粮食生产的倾向，提出要坚决地、完整地执行农林牧渔业并举和“以粮为纲、全面发展、因地制宜、适当集中”的方针，并决定提高包括畜产品在内的农副产品收购价格；1979年党的十一届四中全会发布《中共中央关于加快农业发展若干问题的决定》，提出大力发展畜牧业，提高畜牧业在农业中的比重，以及继续鼓励农户开展家庭畜禽养殖；1980年国务院批转农业部《关于加速发展畜牧业的报告》，并提出要加速发展畜牧业，提高肉蛋奶在食物消费中的比重；1982年中共中央批转《全国农村工作会议纪要》，强调要把一切行之有效的鼓励畜牧业发展的政策落实到各经营农户。在政策的鼓励和支持下，生猪饲养得到逐渐恢复和发展。1978年中国生猪年末存栏量、全年出栏量和猪肉产量分别为3.0亿头、1.6亿头和767.5万吨，1984年分别增长到3.1亿头、2.2亿头和1 444.7万吨，增长幅度分别为3.0%、37.5%和88.2%。

（三）第三阶段：1985—2005年畜产品市场放开后的生猪产业快速发展阶段

伴随着畜牧业产销经营体制改革的推进，生猪产业进入快速发展阶段。1984年粮食取得丰收，较1978年增长了1亿吨，为生猪生产打下坚实的物质基础。1985年中共中央、国务院发布《关于进一步活跃农村经济的十项政策》，取消生猪派购派养及产品统一定价，完全放开猪肉购销市场，生猪饲养专业户迅速发展。1992年邓小平视察南方发表重要讲话和中共十四大确立了建立和完善社会主义市场经济体制的目标；1998年中共十五届三中全会审议通过《中共中央关于农业和农村工作若干重大问题的决定》，以及2001年农业部发布《关于加快畜牧业发展的意见》等一系列重大举措，为深化农产品流通体制改革、加强畜产品市场体系建设、加快畜牧业发展发挥了重大推动作用，由此生猪生产、流通、销售开始走向市场化发展。伴随国民经济快速发展和居民收入水平明显增长，这一时期城乡居民猪肉消费需求大幅提升，进一步拉动生猪生产，生猪产业得到快速发展。2005 年生猪年末存栏量由 1984 年的 3.1 亿头增长至 4.3 亿头，增长幅度高达 39%；生猪出栏量由 1984 年的 2.2 亿头增长至 6.0 亿头，增长 1.7 倍；猪肉产量由 1984 年的 1 444.7 万吨增长至 4 555.3 万吨，增长 2.2 倍。

（四）第四阶段：2006—2013 年畜牧业结构优化期的生猪产业转型发展阶段

随着生猪产业快速发展，养殖规模化、集约化程度不断提高，不可避免地出现了疫病多发问题，生猪产业进入转型发展阶段。2006 年猪蓝耳病暴发，猪肉价格波动剧烈，养殖场户纷纷出栏饲养生猪，供需矛盾突出。为解决疫病带来的猪肉供需矛盾等一系列问题，国家出台相关政策促进了生猪产业转型升级（王祖力等，2011）。一方面，2007 年国务院印发《关于促进生猪生产发展稳定市场供应的意见》，提出建立保障生猪生产稳定发展的长效机制，从根本上解决生猪生产、流通、消费和市场调控方面存在的矛盾和问题；另一方面，2007 年国务院印发《关于促进畜牧业持续健康发展的意见》，2010 年农业部印发《关于加快推进畜禽标准化规模养殖的意见》，推动畜牧业标准化建设，促进传统畜牧业向现代畜牧业转型。2013 年全国生猪年末存栏量、全年生猪出栏量和猪肉产量分别增长到 4.8 亿头、7.3 亿头和 5 618.6 万吨，较 2005 年分别有 11.6%、21.6%和 23.3%的增幅。

（五）第五阶段：2014 年以来畜牧业绿色发展理念下的生猪产业提质增效发展阶段

随着畜牧业发展规模的进一步扩大，畜禽养殖造成的环境污染问题日益凸显，国家出台了一系列政策规范，引导和支持生猪产业向绿色高质量发展方向转变。2013 年 11 月国务院印发《畜禽规模养殖污染防治条例》（于 2014 年 1 月 1 日起实施），之后国家相关部门又陆续发布实施《关于促进南方水网地区生猪养殖布局调整优化的指导意见》《关于加快推进畜禽养殖废弃物资源化利用的意见》《畜禽粪污资源化利用行动方案（2017—2020 年）》《全国畜禽粪污资源化利用整县推进项目工作方案（2018—2020 年）》等专项政策措施，推进畜禽养殖废弃物资源化利用，加强畜牧业污染治理。此外，农业农村宏观发展规划、环境整治政策法规，包括全国人民代表大会常务委员会修订的《中华人民共和国环境保护法》《中华人民共和国畜牧法》《中华人民共和国水污染防治法》等，以及国务院及国家相关部委发布的《水污染防治行动计划》（行业内简称“水十条”）、《土壤污染行动防治计划》（行业内简称“土十条”）等，也明确提出加强畜禽养殖废弃物资源化利用（刘春等，2021）。在国家法规和政策的推动下，畜牧业绿色发展取得显著成效。农业农村部发布数据显示，2020 年全国畜禽粪污综合利用率达到 76%，较 2010 年 37%的利用率水平实现大幅提升，为整个畜牧业的可持续发展奠定了宝贵的基础。但环保政策在一定程度上抑制了生猪养殖企业及养殖场户的投资积极性，导致生猪产能下降（刘刚等，2018；张利庠，2020）。此外，2018 年 8 月突发非洲猪瘟疫情，以及 2020 年初突发新冠肺炎疫情，对生猪产业产生严重冲击。多因素叠加，生猪年末存栏量、全年出栏量和猪肉产量分别从 2013 年的 4.8 亿头、7.3 亿头和 5 618.6 万吨下降到 2019 年的 3.1 亿头、5.4 亿头和 4 255.3 万吨。在此背景下，国家及时优化调整生猪养殖政策以促进生猪产业的恢复和发展。2019 年 9 月国务院办公厅印发《关于稳定生猪生产促进转型升级的意见》，提出了包括取消超出法律法规的禁养限养规定等一系列支持生猪发展的重大举措。同时，全国上下积极应对非洲猪瘟疫情和新冠肺炎疫情，生猪产能逐步回升，虽然 2020 年生猪出栏量和猪肉产量较 2019 年仍有所下降，分别降至 5.3 亿头和 4 113.3 万吨，但 2020 年末生猪存栏量达到 4.1 亿头，较 2019 年增长 32.2%。

三、中国生猪产业发展现状及主要特征

（一）生猪生产水平大幅提升，规模化、标准化、产业化程度显著提高

中国生猪生产水平总体实现了大幅提升，但非洲猪瘟暴发后出现阶段性下滑。1978—2020 年，中国猪肉产量从 768 万吨增长到 4 113 万吨，增长了 4.36 倍。其中，分别于 1979 年突破 1 000 万吨，1988 年突破 2 000 万吨，1994 年突破 3 000 万吨，2001 年突破 4 000 万吨，2012 年突破 5 000 万吨。2014 年中国猪肉产量达到历史产量最高点 5 820.8 万吨。但因自 2014 年以来受环保政策影响，加之 2018 年 8 月以来受非洲猪瘟疫情影响，猪肉产量出现明显的阶段性下滑。2014—2020 年，猪肉产量和生猪出栏量降幅高达 30%，生猪存栏量、能繁母猪存栏量降幅亦超过 10%。此外，伴随着畜牧业整体的快速发展，畜牧业结构不断优化，肉类结构比重逐渐调整，猪肉产量在肉类总产量的比重逐渐下调，1978 年为 81.6%，2020 年降至 53.1%（图 2－17）。

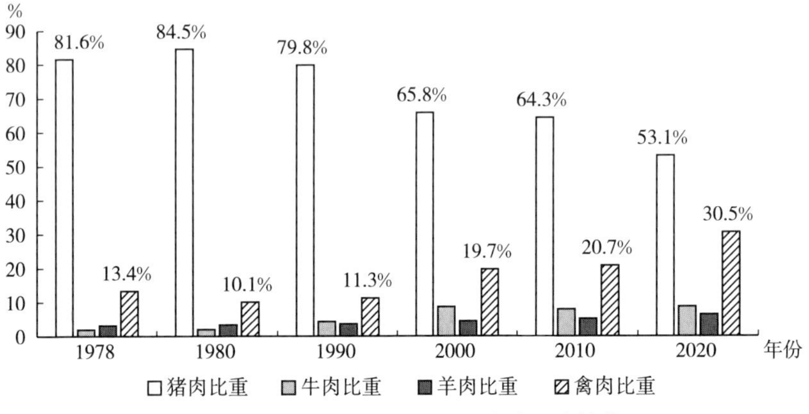

图 2－17　1978—2020 年全国肉类生产结构

数据来源：《中国统计年鉴》（历年）。

注：图中各品种肉类比重即各肉类产量占肉类总产量的份额。国家统计局发布的 1978—1984 年肉类产量数据为猪牛羊肉产量，未包括禽肉。通过检索农业农村部相关报告中发布的关于肉类产量及结构数据，对 1978—1984 年中国肉类总产量数据进行了校正。

规模化、标准化、产业化程度显著提高，生猪养殖从传统农业散养模式转向现代农业集约经营模式。随着中国生猪产业的快速发展，规模化生猪养殖程度逐渐提高，与此同时，在广州温氏集团等龙头企业的带动下，生猪产业化进程逐步推进，并呈现出“公司＋农户”“公司＋合作社＋农户”等多种形式的产业化经营模式。产业化的持续推进，进一步加快了规模化、标准化生猪养殖的步伐。尤其是2000年以来，中国生猪养殖的规模化、标准化程度显著提升。2020年中国生猪规模化率，即年出栏生猪500头以上的养殖场户生猪出栏数量占全国生猪出栏总量的比重已经达到57.1%，较2000年的9.5%提升了47.6个百分点（图2-18）。总体来看，改革开放以来，中国生猪养殖方式发生了巨大转变，从一家一户作为家庭副业经营的传统农业散养模式，逐渐发展成为规模化、标准化和产业程度都较高的现代农业集约经营模式。

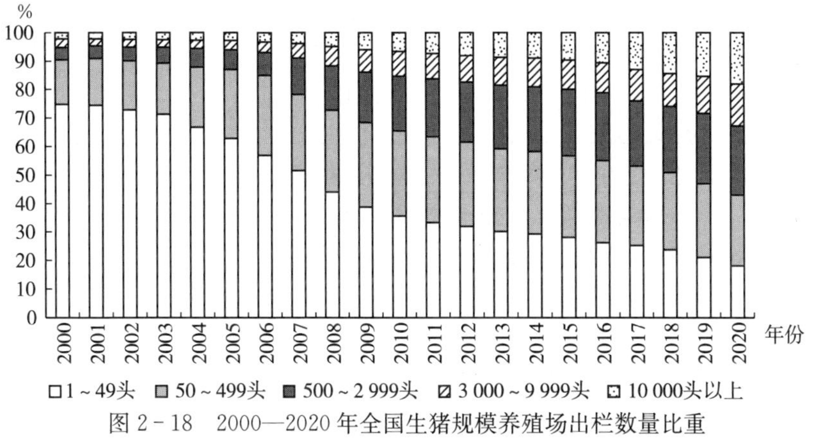

图2-18 2000—2020年全国生猪规模养殖场出栏数量比重

数据来源：《中国畜牧兽医年鉴》（历年）。

（二）猪肉消费水平显著提高，城乡猪肉消费差距不断缩小

1. 人均猪肉消费量大幅提升，猪肉在肉类消费总量中的比重逐渐下调

随着中国经济得到长足发展，人民生活水平不断提高，居民人均

猪肉消费量显著增长。1978 年人均猪肉消费量为 7.9 千克，2012 年人均猪肉消费量突破 40 千克，2014 年达到最高点 43.0 千克。之后，受 GDP 增速减挡等因素影响，人均肉类消费总体水平有所下调，猪肉消费亦然。2018 年 8 月非洲猪瘟疫情暴发，导致猪肉消费量短期出现较大幅度下降，2020 年降至 33.0 千克。同时，随着其他肉类消费，尤其是禽肉消费水平的快速增长，猪肉消费占肉类总消费的比重逐渐降低，但占比仍超 50%，占绝对主导地位。2020 年猪肉占猪肉类总消费量的比重为 53.8%，较 1978 年的 81.7%下降约 28 个百分点，较历年最高点 1985 年的 86.0%下降约 32 个百分点（图 2-19）。

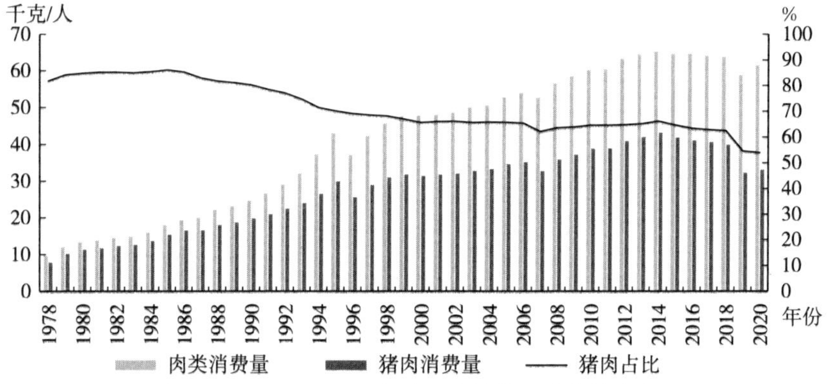

图 2-19　1978—2020 年中国人均猪肉消费量及占比

数据来源：猪肉产量数据来源于《中国统计年鉴》（历年），猪肉消费量数据来自 FAOSTAT 数据库和中国海关数据。

注：猪肉消费量为表观消费量，即国内猪肉产量与净进口量之和。

2. 随着人均猪肉消费水平整体大幅提升，城乡居民猪肉消费差距大幅缩小

国家统计局未公布城乡居民人均肉类消费量数据，仅公布了城乡居民户内人均肉类消费量数据，这一数据也能够反映出城乡居民肉类消费水平趋势。根据城乡居民肉类户内消费数据，1978 年中国城镇和农村户内人均猪肉消费量分别为 16.9 千克和 5.2 千克，到 2020 年中国城镇与农村户内人均猪肉消费量增长到 19.0 和 17.1 千克。

1978—2020年，城镇居民户内人均猪肉消费量增长了2.1千克，增幅12.4%，年均增速0.3%；农村居民户内人均猪肉消费增长了11.9千克，增幅高达228.8%，年均增速2.9%。农村居民户内人均猪肉消费量基数低，但增速明显快于城镇居民，2020年城乡居民人均猪肉消费的绝对差距从11.7千克缩小至1.9千克。其中，在农村居民户内消费水平的最高点2018年达到23.0千克，甚至反超城镇居民0.3千克（图2-20）；之后受非洲猪瘟疫情导致的猪肉产量下降、猪肉价格上涨以及新冠肺炎疫情导致的消费市场低迷等因素影响，城乡居民户内人均猪肉消费量均有下调，农村居民户内人均消费量降幅略高于城镇居民，二者差距又有扩大。

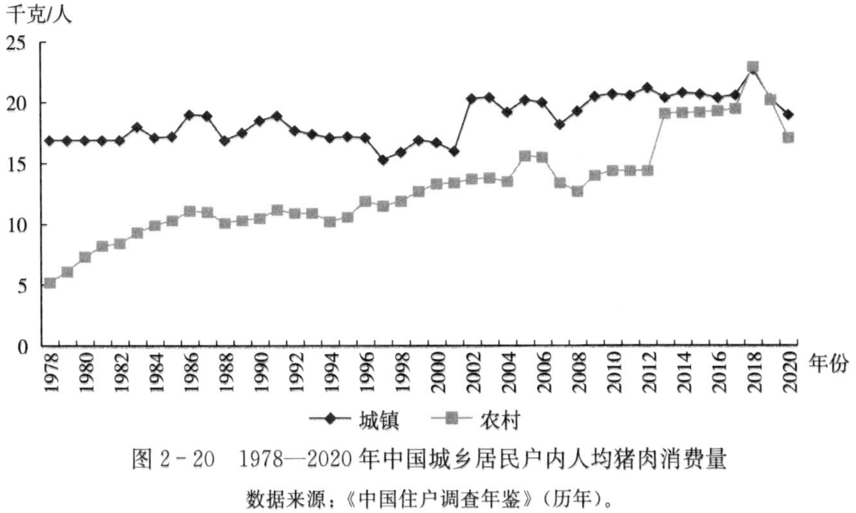

图2-20　1978—2020年中国城乡居民户内人均猪肉消费量

数据来源：《中国住户调查年鉴》（历年）。

（三）猪肉进口大幅增加，自给率逐渐下降

猪肉出口量先增后减，出口规模总体偏小。新中国成立后，一直到改革开放后的相当长一段时期内，由于国民经济发展过程中外汇短缺，农产品承担着重要的出口创汇使命。中国加入世贸组织之前，猪肉产品（包括活猪、冻猪肉、猪杂碎、罐头制品等）贸易以出口为主，贸易量多为顺差，加入世贸组织后，中国猪肉贸易量开始逐渐增

加。中国虽然一直为猪肉生产大国，但出口贸易规模不大。出口方面，总体来看，1978—2020 年猪肉出口量呈现先增后减趋势，1978 年为 19.4 万吨，2006 年达到最高峰 64.8 万吨，后期受动物疫病、成本优势减退等因素影响，猪肉出口量下降，2020 年为 22.7 万吨（图 2-21）。

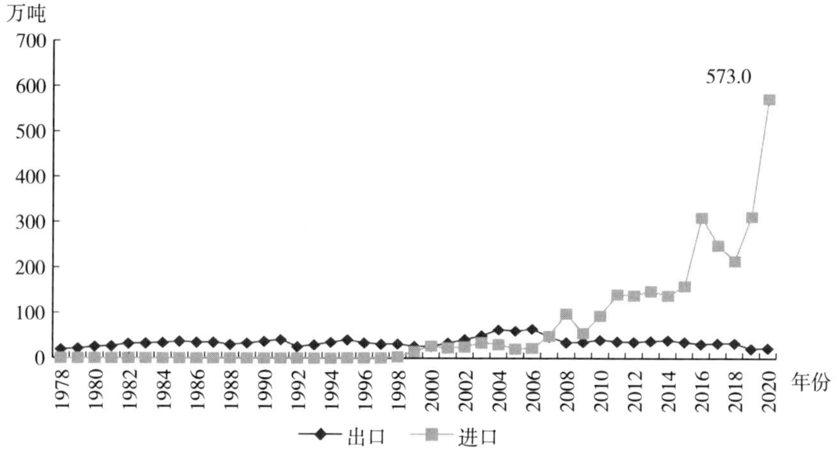

图 2-21　1978—2020 年中国猪肉产品进出口数量

数据来源：FAOSTAT 数据库和中国海关统计数据。

猪肉进口量逐渐增加，2019—2020 年增幅巨大。加入世贸组织以后，中国猪肉进口量开始呈现增长趋势。其间，2007 年受国内猪肉价格上涨以及猪肉进口限制减少等因素影响，生猪产品进口贸易迅速发展，再加之受 2008 年 6 月 1 日起中国冻猪肉进口税率由原来的 12%下调至 6%的关税政策利好影响，猪肉进口量迎来了一个小高潮，2008 年猪肉产品进口量较 2007 年增长约 1 倍，进口量达到 98.9 万吨。但接下来的 2009 年国内猪肉价格持续性下跌，且因 H1N1 甲型流感疫情对美国猪肉进口封关，猪肉进口量较上年下降 43.82%，为 55.5 万吨。之后，2010—2015 年国内生猪价格进入上涨周期，同时对美国猪肉进口禁令解除，中国猪肉进口进入增长轨道。2016 年生猪产业进入当时一轮猪周期的最后阶段，国内供给短缺加速了猪肉进口的增长，2016 年猪肉进口量达到 311.2 万吨，较上年增长

95.1%。2018年8月国内非洲猪瘟疫情暴发，导致生猪生产大幅下降，猪肉进口量在相对高位上持续大幅增长，2019年和2020年猪肉进口量相继增长至312.8万吨和573.0万吨，同比分别增长45.2%和83.2%。

猪肉自给率逐渐下降，2019—2020年降幅明显。从1978—2020年中国猪肉自给率变动趋势来看，大致分为两个阶段。第一阶段，1978—2006年为净进口阶段，自给水平总体相对稳定。改革开放背景下，随着家庭联产承包责任制的推行以及生猪购销市场和价格放开，农户生猪养殖积极性得到极大增长，猪肉产量的加速增长为猪肉出口提供了稳定基础和产品来源。第二阶段，2007—2020年为净出口阶段，自给率水平逐渐降低。随着国内需求的增加，猪肉进口量快速增加，自给水平明显下降。2020年降至88.2%，较2006年下降了12个百分点，其间仅2018—2020年就下降了8.5个百分点（图2-22）。

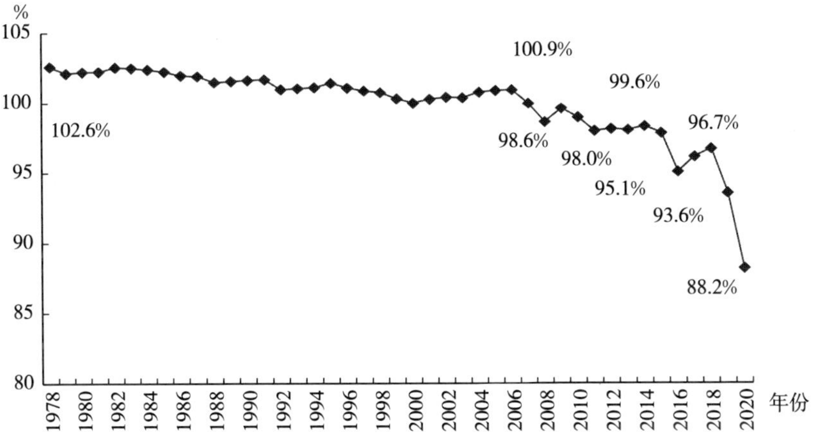

图2-22　1978—2020年中国猪肉自给率

数据来源：猪肉产量来源于《中国统计年鉴》（历年），贸易量来自FAOSTAT数据库和中国海关统计数据。

注：自给率为国内产量占消费量的比重，消费量利用国内产量与净进口量加和计算。

第三章　生猪生产增长演变及动因测度

生猪生产增长是研判生猪生产波动和稳定发展的重要视角。肖红波和王济民（2008）、张利庠等（2020）和朱增勇（2020）等从生猪生产增长的趋势、影响因素等方面开展了定性分析，吴学兵等（2013）、魏晓博（2017）和王善高（2021）等就生猪生产投入要素、生产率等对中国生猪生产增长的影响开展了定量研究，但上述定量研究主要是基于生猪育肥这一环节，基于养殖全过程视角定量研判生猪生产增长动因的文献较为缺乏。未来，经济社会发展以及人们收入水平提升引致的消费转型升级仍将持续，猪肉消费刚性需求仍将在一定时期内持续扩张，保障生猪有效供给的任务依然艰巨。本研究在分析中国猪肉产量增长演变趋势的基础上，通过对不同发展阶段猪肉产量增长的分解，定量测度技术水平、生物资产等因素对生猪生产增长的贡献，分析生猪生产增长的动因。

一、猪肉产量增长演变趋势

（一）猪肉产量总体以正向增长为主，但近五年负向增长占主导

中国猪肉产量总体上以正向增长为主，在1978—2020年的43个年份中仅有9个年份出现负增长。但从猪肉产量增长率的变动趋势来

看，其显现出两个较为明显的阶段，1978—2014 年正向增长率占主导，2014—2020 年负向增长率占主导（图 3－1）。1978—2014 年间，只有 1996 年、2000 年、2007 年、2011 年 4 个年份猪肉产量受疫病影响较上年有所下降，增长率为负值，其余年份均实现了正增长。2014 年以来，在中国环保政策约束下，淘汰了部分散小养殖户以及禁养区养殖场户的产能，再加上 2018 非洲猪瘟疫情暴发，中国生猪产业发展受到巨大冲击，猪肉产量由上一阶段的正向增长趋势转变为下降趋势，2015—2020 年间的 6 个年份中有 5 个年份猪肉产量增长率为负值。

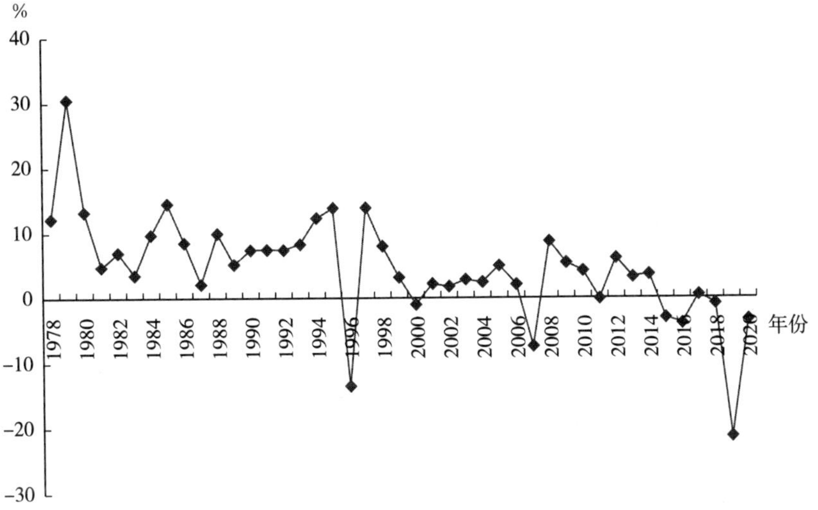

图 3－1　1978—2020 年猪肉产量增长率

（二）猪肉产量正向增长幅度逐渐缩减，负向增长幅度未减反增

在以正向增长为主的生猪生产阶段，中国生猪生产逐步从较低产能的高增长率水平转变为高产能的低增长率水平。1978—2020 年猪肉产量年均增长率为 2.46%，增长率保持在 10%以上的年份有 7 年，均处于 2000 年之前。尤其是受改革开放的拉动，1979 年猪肉产量增

长率超过30%。步入21世纪以来，猪肉产量增长至4 000万吨以上，在此产能高位水平上，猪肉产量增长幅度逐渐缩减。2008年猪肉产量增长率为21世纪以来增幅最高值，仅达到8.68%。而2015—2020年，中国猪肉产量多年保持负增长，尤其是2019年受非洲猪瘟疫情影响，产量负向增长幅度骤然拉大，降幅超过20%，达到21.26%，远高于之前历史上1996年的最高降幅13.44%。

二、猪肉产量增长动因分解

本研究基于生猪养殖全过程与生猪育肥期两个视角，对猪肉产量增长进行分解，以定量测度技术水平、生物资产等对生猪生产增长的贡献。

（一）基于生猪育肥期视角的猪肉产量增长因素分解

1. 逻辑关系及分解方法

基于生猪育肥期视角，猪肉产量可表达为生猪存栏量、生猪出栏率和胴体重三个指标的乘积。生猪存栏量是指一定时点的全部生猪饲养头数，包括公猪、母猪、仔猪和育肥猪的饲养头数，是国家确定生猪收购指标的重要依据。生猪存栏量的增减，主要是与生猪的繁育幼畜和死亡成畜有比较大的关系，通常能够反映畜牧业生产好坏的真实情况。生猪出栏率是表示饲养生猪向市场提供出栏生猪数量的指标，反映畜群周转的快慢，也直接反映了生猪生产的技术水平。此外，如前所述，胴体重也是反映生猪生产技术水平的重要指标。猪肉产量与生猪胴体重、生猪存栏量以及生猪出栏率之间的关系用公式表示为：

$$Y = X_1 \times X_2 \times X_3 \qquad (3-1)$$

式中，Y表示猪肉产量，X_1表示生猪胴体重，X_2表示生猪存栏量，X_3表示生猪出栏率。生猪存栏量是反映生物资产的指标，生猪出栏率和胴体重是反映技术进步的指标。

对式（3-1）两边同时取对数，然后对时间t求导，则猪肉产量增长率可以分解为胴体重、生猪存栏量以及生猪出栏率三个指标的增长率之和。用公式表示为：

$$\frac{dY/dt}{Y}=\frac{dX_1/dt}{X_1}+\frac{dX_2/dt}{X_2}+\frac{dX_3/dt}{X_3} \qquad (3-2)$$

式中，$\frac{dY/dt}{Y}$表示猪肉产量增长率，$\frac{dX_1/dt}{X_1}$表示生猪胴体重增长率，$\frac{dX_2/dt}{X_2}$表示生猪存栏量增长率，$\frac{dX_3/dt}{X_3}$表示生猪出栏率增长率。

2. 基于生猪育肥期视角的猪肉产量增长因素分解结果及动因分析

利用1980—2020年猪肉产量、生猪存栏量、生猪出栏率和胴体重数据，通过式（3－2）分解计算相关因素对猪肉产量增长的贡献率，分解结果在表3－1中进行汇报。

表3－1　基于生猪育肥期视角的猪肉产量增长率分解

单位：%

年份	猪肉产量	生猪存栏量	出栏率	胴体重
1980—1984年	100	1.81	41.21	56.98
1984—2005年	100	29.93	57.89	12.18
2005—2013年	100	47.87	41.20	10.93
2013—2020年	－100	－52.57	－50.87	3.44
1980—2020年	100	22.13	53.69	24.19

基于生猪育肥期视角综合来看，改革开放以来，中国猪肉产量增长的动因约八成来源于技术水平的提升，约两成来源于生猪养殖数量的扩大。1980—2020年生猪存栏量、生猪出栏率和胴体重对猪肉产量增长的贡献率分别为22.13%、53.69%和24.19%。其中，反映生猪养殖技术水平的生猪出栏率水平的提升对猪肉产量增长的贡献最大，为中国猪肉产量增长做出了超过半数的贡献；反映生猪养殖技术水平的胴体重对猪肉产量增长的贡献约占四分之一；此外，生猪存栏量的增长做出了约五分之一的贡献。

从生猪产业发展历程来看：

其一，1978—1984年改革开放初期生猪产业恢复发展阶段，猪肉产量实现了年均增速6.24%的高速增长，出栏生猪胴体重和生猪出栏率水平的提升是猪肉产量增长的主要动因。这一阶段生猪存栏量、生猪出栏率和胴体重的增长对猪肉产量增长的贡献率分别为1.81%、41.21%和56.98%。胴体重的增长对猪肉产量的增长的贡献最大。出栏生猪胴体重从1980年的57千克/头提升到1984年的66千克/头，年均增长3.50%，为中国猪肉产量增长做出了超半数的贡献。生猪出栏率水平的提升对猪肉产量的增长也做出重要贡献。生猪出栏率从1980年的0.65增长到1984年的0.72，年均增速2.53%，对中国猪肉产量增长的贡献占到四成。

其二，1985—2005年畜产品市场放开后的生猪产业快速发展阶段，猪肉产量实现了年均增速5.62%的高速增长，生猪出栏率的提升是猪肉产量增长的最主要动因。这一阶段生猪存栏量、生猪出栏率和胴体重的增长对猪肉产量增长的贡献率分别为29.93%、57.89%和12.18%。如前所述，随着出栏生猪胴体重在20世纪80年代中期增长到相对较高水平后增速放缓，1984年胴体重为66千克/头，2005年增长到75千克/头，年均增速0.67%，其对猪肉产量增长的贡献明显下降。作为反映生猪生产技术水平重要指标的生猪出栏率对猪肉产量增长的贡献最大。生猪出栏率从1984年的0.72增长到2005年的1.39，年均增速达到3.20%，对中国猪肉产量增长的贡献近六成。此外，生猪存栏量在这一阶段也开始呈现显著的增长趋势，从1984年的30 679.2万头增长到2005年的43 319.1万头，年均增速1.66%，对猪肉产量增长贡献了近三成的份额。

其三，2006—2013年畜牧业结构优化期的生猪产业转型发展阶段，猪肉产量增速明显放缓，年均增速2.66%，生猪存栏量的增长和生猪出栏率水平的提升是猪肉产量增长的主要源泉。这一阶段生猪存栏量、生猪出栏率和胴体重的增长对猪肉产量增长的贡献率分别为47.87%、41.20%和10.93%。每头母猪年出栏肥猪数的增长对猪肉产量的增长的贡献最大，对中国猪肉产量增长的贡献近六成。2006年以来，出栏生猪胴体重在高位水平的增长更加缓慢，2013年增长到77千克/头，整个阶段增长了2千克/头，年均增速0.29%，其对猪肉产量增长的贡献进一步下降。生猪存栏量继续保持了较快的增长趋势，从2005年末的43 319.1万头增长到2013年的47 893.0万头，年均增速1.26%，其对猪肉产量的增长贡献了近一半的份额。生猪出栏率在这一阶段的增速有所下降，从2005年的1.39增长到2013年的1.52，年均增速1.09%，但仍为猪肉产量增长贡献了近四成的份额，是这一阶段猪肉产量增长的主要推动力量之一。

其四，2014年以来畜牧业绿色发展理念下的生猪产业提质增效发展阶段，猪肉产量出现大幅下滑（年均增速－4.36%），生猪存栏量的下降和生猪出栏率水平的下滑是猪肉产量负向增长的主要动因。这一段生猪存栏量、生猪出栏率和胴体重的增长对猪肉产量增长的贡献分别为－52.57%、－50.87%和3.44%。这一阶段绿色环保政策叠加非洲猪瘟影响，作为上一阶段猪肉产量增长主要推动力量的生猪存栏量和生猪出栏率在这一阶段均有明显下降，年均降幅分别为2.32%和2.24%，分别贡献了猪肉产量下降的五成份额。

（二）基于生猪养殖全过程视角的猪肉产量增长因素分解

1. 逻辑关系及分解方法

基于生猪养殖全过程视角，猪肉产量可以表达为能繁母猪存栏量、每年每头母猪出栏肥猪头数以及胴体重三个指标的乘积。能繁母猪存栏量是生猪养殖环节最重要的生产性生物资产，每年每头母猪出栏肥猪数和胴体重是生猪生产技术水平的重要指标。猪肉产量与上述三个指标的关系用公式表示为：

$$Y = X_4 \times X_5 \times X_6 \tag{3-3}$$

式中，Y 表示猪肉产量，X_4 表示能繁母猪存栏量，X_5 表示每年每头母猪出栏肥猪数量，X_6 表示生猪胴体重。

对式（3-3）两边同时取对数，然后对时间 t 求导，猪肉产量增长率可分解为能繁母猪存栏量、每年每头母猪出栏肥猪头数以及胴体重三个指标的增长率之和。用公式表示为：

$$\frac{\mathrm{d}Y/\mathrm{d}t}{Y}=\frac{\mathrm{d}X_4/\mathrm{d}t}{X_3}+\frac{\mathrm{d}X_5/\mathrm{d}t}{X_4}+\frac{\mathrm{d}X_6/\mathrm{d}t}{X_5} \qquad (3-4)$$

式中，$\frac{\mathrm{d}Y/\mathrm{d}t}{Y}$表示猪肉产量增长率，$\frac{\mathrm{d}X_4/\mathrm{d}t}{X_4}$表示能繁母猪存栏量增长率，$\frac{\mathrm{d}X_5/\mathrm{d}t}{X_5}$表示每年每头母猪出栏肥猪数量增长率，$\frac{\mathrm{d}X_6/\mathrm{d}t}{X_6}$表示生猪胴体重增长率。

2. 基于生猪养殖全过程视角的因素分解结果及动因分析

利用1980—2020年猪肉产量、能繁母猪存栏量①、每头母猪年出栏肥猪数和胴体重数据，通过式（3-4）分解计算各因素对猪肉产量增长的贡献，分解结果在表3-2中汇报。

表3-2 基于生猪养殖全过程视角猪肉产量增长分解

单位：%

年份	猪肉产量	能繁母猪存栏量	每头母猪年出栏肥猪头数	胴体重
1980—1984年	100	9.34	33.59	57.07
1984—2005年	100	69.44	18.41	12.15
2005—2013年	100	28.99	60.09	10.92
2013—2020年	−100	−71.32	−32.12	3.44
1980—2020年	100	50.93	24.88	24.19

基于生猪养殖全过程视角综合来看，改革开放以来，中国猪肉产量增长的动因有一半来源于生猪扩群养殖规模的提升，一半来源于技术水平的提升。1980—2020年能繁母猪存栏量、每头母猪年出栏肥猪数和胴体重的增长对猪肉产量增长的贡献率分别为50.93%、24.88%和24.19%。其中，作为生猪养殖环节最重要的生产性生物资产能繁母猪的增长对猪肉产量增长的贡献最大，为中国猪肉产量增

① 根据统计数据的公开发布情况，我国能繁母猪存栏量从1980年开始有公开发布数据，1978和1979年对应数据缺失，因此此处分解数据从1980年开始。

长做出了约半数的贡献。扩大能繁母猪养殖规模是生猪扩群增量、提高产能的重要手段。改革开放以来，中国生猪产业通过大幅扩群提升产能，解决了猪肉供应问题。此外，反映生猪养殖技术水平的每年每头母猪出栏肥猪数和胴体重对猪肉产量的增长的贡献相当，各占约四分之一。

从生猪产业发展历程来看：

其一，1978—1984 年改革开放初期生猪产业恢复发展阶段，猪肉产量实现了年均增速 6.24%的高速增长，出栏生猪胴体重水平的提升是猪肉产量增长的最主要动因。这一阶段能繁母猪存栏量、每头母猪年出栏肥猪数和胴体重的增长对猪肉产量增长的贡献率分别为 9.34%、33.59%和 57.07%。胴体重的增长对猪肉产量增长的贡献最大，为中国猪肉产量增长做出了超半数的贡献。这一阶段主要是通过养肥猪来应对老百姓“没肉吃”的现实问题，出栏生猪胴体重从 57 千克/头提升到 66 千克/头，年均增速 3.50%。此外，这一阶段每头母猪年出栏肥猪数的增长也对猪肉产量的增长做出重要贡献，其对中国猪肉产量增长的贡献占到三分之一。作为反映生猪养殖技术水平的重要指标，每头母猪年出栏肥猪数从 1980 年的 9 头增长到 10 头，年均增速 2.06%。

其二，1985—2005 年畜产品市场放开后的生猪产业快速发展阶段，猪肉产量实现了年均增速 5.62%的高速增长，扩大能繁母猪养殖规模实现生猪产能提升是猪肉产量增长的最主要动因。这一阶段能繁母猪存栏量、每头母猪年出栏肥猪数和胴体重的增长对猪肉产量增长的贡献率分别为 69.44%、18.41%和 12.15%。能繁母猪数量的增长对猪肉产量增长的贡献最大，对中国猪肉产量增长的贡献近七成。随着出栏生猪胴体重在 20 世纪 80 年代中期增长到相对较高水平后增速放缓，1984 年胴体重为 66 千克/头，2005 年增长到 75 千克/头，年均增速 0.67%，其对猪肉产量增长的贡献明显下降。这一阶段主要通过扩大能繁母猪养殖规模，实现了生猪产能的提升，能繁母猪存栏量从 1984 年末的 2 212 万头增长到 2005 年的 4 893 万头，年均增速 3.85%。

其三，2006—2013 年畜牧业结构优化期的生猪产业转型发展阶段，猪肉产量增速明显放缓，每头母猪年出栏肥猪数水平的提升是猪肉产量增长的最主要动因。这一阶段能繁母猪存栏量、每头母猪年出栏肥猪数和胴体重的增长对猪肉产量增长的贡献率分别为 28.99%、60.09%和 10.92%。每头母猪年出栏肥猪数的增长对猪肉产量的增长的贡献最大，对中国猪肉产量增长的贡献近六成。2006 年以来，出栏生猪胴体重在高位水平的增长更加缓慢，2013 年增长到 77 千克/头，整个阶段增长了 2 千克/头，年均增速 0.29%，其对猪肉产量增长的贡献进一步下降；能繁母猪存栏量仍保持了一定规模的增加，从 2005 年末的 4 983 万头增长到 2013 年的 5 201 万头，但增速明显放缓，年均增速从上一阶段的 3.85%下降至 0.76%，其对猪肉产量增长的贡献明显下降。这一阶段猪肉产量的增长主要来自每头母猪年出栏肥猪数的提升。作为反映生猪养殖技术水平的重要指标，每头母猪年出栏肥猪数从 2005 年的 12 头增长到 14 头，年均增速 1.59%。

其四，2014 年以来畜牧业绿色发展理念下的生猪产业提质增效发展阶段，猪肉产量出现大幅下滑（年均增速－4.36%），能繁母猪存栏量的负向增长是猪肉产量负向增长的主要动因。这一阶段能繁母猪存栏量、每头母猪年出栏肥猪数和胴体重的增长对猪肉产量增长的贡献率分别为－71.32%、－32.12%和 3.44%。这一阶段绿色环保政策叠加非洲猪瘟影响，能繁母猪存栏量、每头母猪年出栏肥猪数均有明显下降。其中，能繁母猪存栏量的缩减幅度最大，年均降幅 3.14%，贡献了猪肉产量下降的约七成份额；每头母猪年出栏肥猪数年均降幅 1.41%。

三、猪肉产量增长动因总体研判及展望

改革开放以来，中国生猪产业发展阶段性特征明显，呈现出从快速发展向绿色高质量发展转变的显著特征，发展大致可以划分为：

1978—1984年为改革开放初期的生猪产业恢复发展阶段，1985—2005年为畜产品市场放开后的生猪产业快速发展阶段，2006—2013年为畜牧业结构优化期的生猪产业转型发展阶段，2014年以来为畜牧业绿色发展理念下的生猪产业提质增效发展阶段。前三个阶段猪肉产量年均增速分别为6.24%、5.62%和2.66%，第四个阶段年均下降4.36%。从生猪育肥期视角来看，猪肉产量增长最主要的动因从第一阶段出栏率和胴体重的增长，转移到第二至第四阶段出栏率和生猪存栏量的增长。其中，出栏率的增长一直占重要份额（在40%～60%区间），生猪存栏量的贡献份额有较为显著的增加，尤其在第三阶段产业转型发展阶段和第四阶段提质增效发展阶段的贡献份额约为50%。从生猪养殖全过程视角来看，猪肉产量增长最主要的动因从出栏生猪胴体重水平的提升，转移到扩大能繁母猪养殖规模，再转移到每头母猪年出栏肥猪数量水平的提升，最后第四阶段生猪生产负增长最主要的动因再次转移到能繁母猪养殖规模上来。总体来看，虽然中国猪肉产量在2018年8月非洲猪瘟暴发后出现阶段性下滑，但改革开放以来总体实现了大幅提升，表现为增长型波动；基于生猪育肥期视角综合来看，中国猪肉产量增长的动因约八成来源于技术水平提升，约两成来源于生猪养殖数量提升；从生猪养殖全过程视角综合来看，猪肉产量增长的动因有一半源自生猪扩群产能提升，一半源自技术水平提升。

未来，随着人民生活水平的进一步提升，面对一定时期内猪肉消费刚性需求仍将持续扩张的现实状况，生猪稳产保供任务依然艰巨，必须进一步强化科技支撑，加快产业转型升级，促进生猪产业综合生产能力提升，推动生猪生产高质量增长。一是将动物疫情防控作为稳定生猪产业发展的首要任务，进一步强化优化疫情防控措施。二是增强产业扶持政策的预见性和稳定性，避免产业扶持政策来回摇摆，实现产业稳定、有序、健康发展。三是进一步推动实施生猪标准化规模养殖项目建设，充分发挥龙头企业带动作用，加强生猪养殖产业园区、科技园区建设，加大养殖标准化、绿色化、智能化示范力度，提高散养户的组织化程度，提升产业素质，推动生猪产业转型升级。四是加强推进生猪种业科技创新，围绕生猪种业卡脖子问题，开展联合育种，培育生产性能优、肉品质量好、满足消费需求的自主新品种。五是加大科技推广力度，帮助广大生猪养殖场户解决生产中的技术难题，提高投入要素生产率和资源利用率。

第四章 生猪生产波动周期测定及影响因素

猪周期一直是国际畜牧经济研究领域关注的热点，也是中国政府主管部门、行业经营主体和学界研究者们关注的焦点。近年来，生猪生产和价格大幅波动，成为困扰生猪产业健康发展及国民经济平稳运行的难题。回顾已有文献，一是现有研究多是基于时域分析方法，主要依靠时间序列值之间的相关关系及其统计规律进行分析，较难区别时间序列所包含的各种周期分量的作用效果，从而导致对经济周期波动的本质认识不足，得到的结论差异较大；二是现有文献对生猪生产波动的研究多集中于21世纪初期及之前，近些年的生猪生产波动出现了与以往不同的新特征，相关研究相对缺乏。本研究基于生猪生产及价格数据，在分析生猪生产波动演变及特征分析的基础上，应用波谱分析法定量测度周期长度，并通过构建干预分析模型，定量评估外部冲击对生猪生产和价格波动的影响。

一、生猪生产波动演变及特征分析

（一）生猪生产水平演变趋势

对应于前面关于猪肉产量增长的变动趋势及特征的分析，生猪生产演变趋势以2014年为转折点呈现出两个较为明显的发展阶段。以猪肉产量为主要判断依据，2014年以前，中国生猪生产总体呈现出在波动中大幅增长的演变趋势；2014—2020 年，呈现出在波动中大幅下降的演变趋势（图 4－1）。

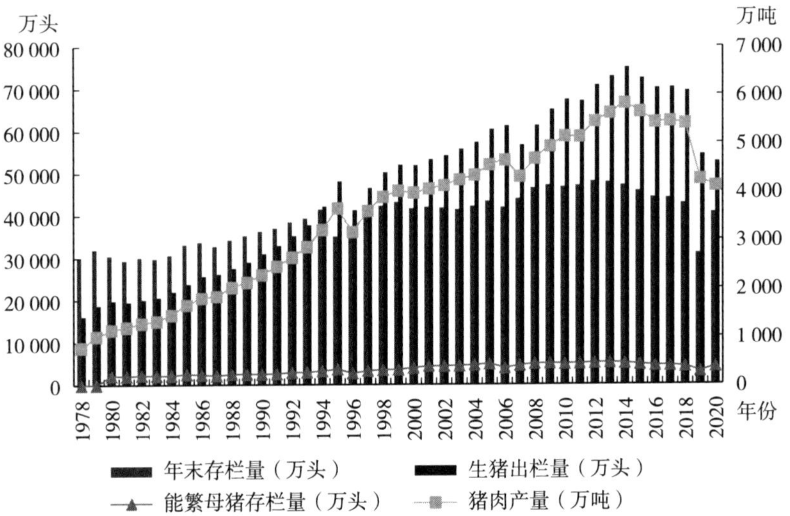

图 4－1　1978—2020 年中国生猪生产水平

数据来源：《中国畜牧业统计》（历年）。

1978—2014 年生猪生产大幅增长，其间伴随两次异常明显的产能下调。1978—2014 年生猪存栏量从 30 219 万头增长到 47 160 万头，增长了 56.1%；能繁母猪存栏量由 2 162 万头（1980 年）增长到 5 022 万头，增长了 1.33 倍；生猪出栏量由 16 110 万头增长到 74 952 万头，增长了 3.65 倍；猪肉产量由 768 万吨增长到 5 821 万吨，增长了 6.58 倍。其间出现了两次最为明显的下降：一是 1995 年的生猪年末存栏量与 1996 年猪肉产量、生猪出栏量、能繁母猪存栏量的下降，1995 年年末存栏量为 35 041 万头，较上年下降 15.49%，1996 年猪肉产量、生猪出栏量与能繁母猪存栏量分别降至 3 158 万吨、41 225 万头与 2 695 万头，分别较上年下降 13.44%、14.21% 以及 26.39%；二是 2006 年的生猪存栏量、能繁母猪存栏量与 2007 年的生猪出栏量和猪肉产量的下降，2006 年生猪存栏量、能繁母猪存栏量分别降至 41 854 万头与 3 924 万头，分别较上年下降 3.38%、

19.80%，2007 年生猪出栏量与猪肉产量分别为 56 641 万头和 4 308 万吨，分别较上年下降 7.46%与 7.36%。

2014—2020 年生猪生产大幅下降，其间伴随一次微幅回调。伴随着 2020 年能繁母猪存栏量和生猪存栏量的小幅增长，2014—2020 年生猪存栏量由 47 160 万头下降至 40 650 万头，下降 13.80%；能繁母猪存栏量由 5 022 万头下降至 4 161 万头，下降 17.14%；生猪出栏量由 74 952 万头下降至 52 704 万头，下降 29.68%，猪肉产量由 5 821 万吨下降至 4 113 万吨，下降 29.34%。

（二）生猪价格波动演变趋势

根据数据的可获得性，绘制 1994 年 6 月以来生猪价格月度趋势图（图 4-2）。可以发现，中国生猪价格波动显现出两个较为明显的发展阶段。2003 年以前，中国生猪价格总体呈现平稳趋势，其间波动幅度较小。2003 年以来生猪价格经历了 5 轮大涨大跌，尤其是 2006

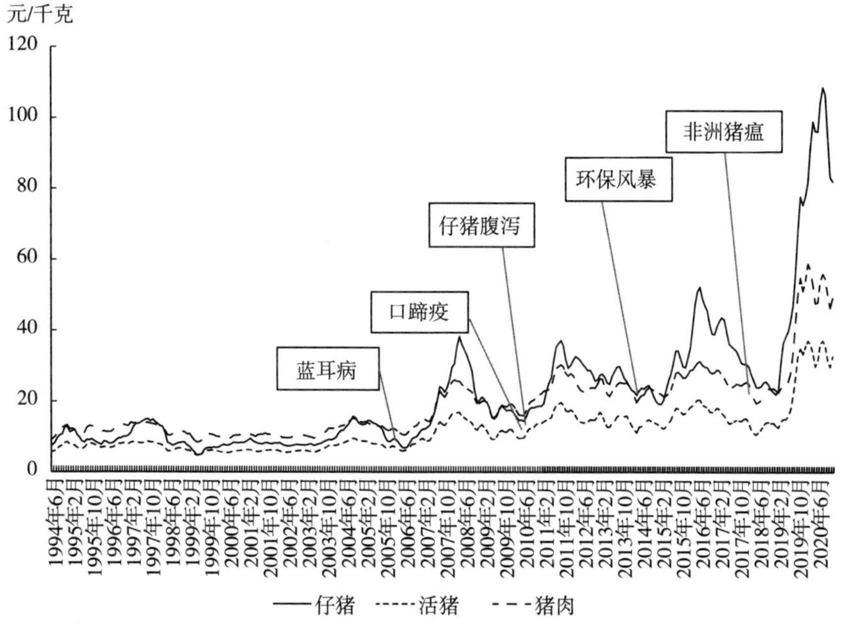

图 4-2　1994—2020 年中国生猪价格

数据来源：农业农村部全国 500 个农村集贸市场平均价格。

年以来的 4 轮波动呈现出明显的波动幅度大、周期长的特点，2018 年下半年以来由于受非洲猪瘟疫情影响，猪肉价格在 2019 年显著攀升，且远超 2016 年 6 月的历史价格最高点。

（三）生猪生产及生猪价格历次波动成因分析

改革开放以来中国生猪生产及生猪价格主要经历了八次大波动。历次波动背后的原因离不开供需失衡导致的价格变动，以及价格变动影响供需调整，但造成历次波动供需失衡的原因存在差异。

1987—1988 年第一次波动。"六五"期间，特别是 1985 年，由于取消了生猪派购任务，购销价格放开，养猪收入明显提高，从而刺激了农民的养猪积极性，生猪养殖有了较快发展。1986 年发生"卖猪难"现象，养猪利润大幅度下降，导致生猪生产出现下降趋势。从 1987 年下半年开始，全国范围内出现了猪肉供应紧张现象，到 1988 年底猪肉供应才逐渐趋于稳定。1987 年生猪存栏 32 773.3 万头，较上年下降了 2.8%；猪肉价格较 1986 年上涨了 18.6%。1988 年猪肉价格较 1987 年上涨了 50.6%，生猪存栏迅速恢复到 34 221.8 万头。

1993—1994 年第二次波动。1993 年 10 月至 1995 年 2 月，出现了生猪存栏下降、生猪和猪肉价格大幅上涨等问题。1993 年第四季度，生猪销售价平均每千克 4.5 元左右，较上年同期增长约 20%；北京等几个省份最高时每千克 5.5 元以上，较上年同期增长约 40%。1993 年生猪价格较 1992 年上涨了 14.5%，1994 年较 1993 年增长了 54.6%。尽管统计数据显示 1993 年全国生猪存栏仍呈增长趋势，但受疫情冲击和生产低迷影响，部分地区生猪存栏已出现下降或停滞状态。1993 年末，北京、天津、浙江等 11 个省份生猪存栏有不同程度下降，其中下降幅度超过 5%的有北京、天津、辽宁、上海、浙江等 5 省市。

1996—1997 年第三次波动。受前期价格上涨带动猪肉产量供给持续增加影响，1995 年市场上猪肉一度供应过剩，出现阶段性"卖猪难"，生猪养殖场户养殖利润持续压缩，影响养殖场户生猪养殖的积极性。由此造成 1996 年生猪出栏量和猪肉产量大幅减少，1996 年生猪出栏量和猪肉产量分别为 41 225 万头和 3 158 万吨，分别下降 14.21%和 13.44%；供需偏紧导致猪肉价格持续上涨，1997 年 2 月猪肉价格涨至本轮价格波动的最高点 14.07 元/千克。1997 年猪肉平均价格 13.7 元，较上年增长 10.1%。同期，粮食价格走低，猪粮比价不断增大，一般在 1∶6 以上，高者达到 1∶8 左右。出栏一头猪可获得一二百元到三百元。仔猪价猛涨一两倍，养一头母猪一年可盈利四五千元。上述状况持续了一年多，从而引发了 1997 年的养猪热，各地仔猪补栏量猛增，繁殖母猪比重直线上升，1997 年全国母猪存栏率达 10%左右，主产省份一些地区高达 15%，为常规比例的两倍多。猪肉维持在较高价位的状况一直持续到 1998 年初，之后价格开始出现下跌，并一直持续到 2002 年。

2003—2004 年第四次波动。SARS（“非典”）疫情防控期间宰杀母猪、补栏停滞所造成生猪供求矛盾突出。2003 年 SARS 疫情过后，生猪、猪肉价格自 2003 年底回弹，持续攀升，以其高回报率激发了新一轮“养猪热”；2004 年 9 月涨至历史高点，缓慢回落至 2005 年 8 月，2005 年 10 月快速下跌至亏损线以下。随着 SARS 疫情的结束，前期宰杀母猪、补栏停滞所造成的生猪供求矛盾突出开始拉动生猪价格反弹，从 2003 年 5 月的 5.78 元/千克涨至 2003 年 11 月的 7.66 元/千克，7 个月内涨幅达 32.5%。2004 年 4—9 月受禽流感疫情影响，鸡肉等禽肉消费大幅下降，猪肉消费快速上涨；同时因 SARS 疫情防控期间造成生猪及能繁母猪存栏下降，以及受饲料价格大幅上涨、玉米霉变事件等多种因素影响，全国各地活猪价格出现历史罕见的快速上升。活猪价格从 2004 年 3 月的 7.9 元/千克，迅速涨至 9 月的历史最高点 9.66 元/千克，6 个月左右上涨了 22.3%。2005 年进入下降期并于 10 月快速下跌至亏损线以下；2006 年跌入波谷。2004 年生猪生产最大的特点是效益明显提高。猪粮比价始终维持在 5.9～6.6∶1 的高水平，远高于 5.5∶1 的盈亏平衡点。据历史调查测算，2004 年饲养一头生猪，农户可盈利 250 元左右，规模猪场可盈利 120 元左右，其中辽宁、吉林、黑龙江、河北等玉米主产省的养猪效益更高。而在2003年上半年，农户养猪每头还亏损50多元。

2006—2007年第五次波动。生猪生产经历了2005年10月到2006年10月约一年的肉价下跌阶段，叠加饲料成本上涨，养殖效益明显下降，一些地区大量宰杀、淘汰母猪。其间，2006年4月江西地区暴发猪蓝耳病，后逐渐蔓延至全国。母猪和仔猪是猪蓝耳病发病的主要群体，从源头上进一步加剧了生猪短缺。加上多省口蹄疫疫情的传播，散户补栏积极性受挫。受多方面因素影响，生猪存栏降至正常水平以下。2006年生猪存栏量和能繁母猪存栏量分别为41 854万头和3 924万头，分别较上年下降3.38%和19.80%。由此导致了2007年生猪出栏量与猪肉产量的下降，2007年生猪出栏量为56 641万头，较上年下降7.46%；猪肉产量为4 308万吨，较上年下降7.36%。2007年5月，猪肉价格出现大幅上涨行情，许多养猪大省猪源告急，猪价居高不下，2008年2月猪肉价格涨至此轮价格波动的波峰，达到26.08元/千克，较2007年4月上涨81.23%。

2010—2011年第六次波动。2010年口蹄疫暴发频率增强，仅生猪生产大省四川全年便暴发了四次疫情。同期，腹泻导致的仔猪大量死亡现象在全国蔓延。2011年受前期疫病影响能繁母猪存栏量下降，养殖场生猪加快出栏而减少补栏，造成生猪存栏数量的骤降，相应的猪肉产量也略有下降。2011年猪肉产量为5 132万吨，较上年下降0.12%。2011年宏观经济总体上面临着较大的通胀压力，且猪肉价格受供需关系的影响有所提高，2011年9月猪肉价格达30.35元/千克。同时饲料价格依然维持平稳偏强走势，饲料价格上涨导致生猪养殖成本大幅增加，从而抑制了生猪价格的下跌空间，造成2011年生猪价格整体偏高。

2014—2016年第五次波动。自2014年起，中国开始实施严格的环保政策，“禁养区”“限养区”大量生猪养殖场关闭，生猪养殖数量及猪肉产量明显减少，2015年和2016年猪肉产量分别为5 645万吨和5 426万吨，分别较上年下降3.02%和3.88%。产量下降引起新一轮猪肉价格上涨，2016 年 6 月猪肉价格达到历史价格高点 31.29 元/千克。

2018 年以来第八次波动。2018 年 8 月非洲猪瘟疫情在国内暴发后，疫区实施了大规模的生猪扑杀，并且短期内非疫区养殖场户生猪出栏速度加快，补栏意愿受挫，造成后期生猪供应偏紧。2018 年和 2019 年猪肉产量分别较上年下降 0.88%和 21.3%。生猪供应偏紧导致 2019 年猪肉价格居高不下，10 月猪肉价格较上年同期增长超过 100%，11 月猪肉价格较上年同期增长达到 110.2%，价格持续上涨趋势延续至 2020 年 2 月，猪肉价格达到 58.89 元/千克。随着国家支持恢复生猪生产的政策出台，叠加高额利润的刺激，大型规模化生猪养殖企业积极补栏，生猪产能逐步恢复发展，2020 年全国生猪年末存栏量和能繁母猪存栏量分别较上年增长 30.96%和 35.11%。

猪周期是由供给需求不平衡导致的猪肉价格的周期性变化。一个典型的猪周期包括猪肉供给下降、猪肉价格上升、猪肉供给增加、猪肉价格下降四个阶段。根据改革开放以来中国生猪价格增长率的波动状况，生猪波动周期初步判断划分见表 4-1 和表 4-2。

表 4-1　中国猪肉价格波动周期初步判断

单位：年，%

波动周期	上升阶段①	下降阶段①	波峰②	波谷②	波长	波幅
1980—1985	1984—1985 (2)	1980—1983 (4)	1985 (34.85)	1983 (−1.05)	6.00	35.90
1986—1990	1986—1988 (3)	1989—1990 (2)	1988 (55.96)	1990 (−3.73)	5.00	59.69
1991—1997	1991—1994 (4)	1995—1997 (3)	1994 (54.60)	1991 (−3.90)	7.00	54.69
1998—2002	1999—2002 (4)	1998 (1)	2001 (4.01)	1998 (−18.53)	5.00	22.54
2003—2006	2003—2004 (2)	2005—2006 (2)	2004 (35.64)	2006 (−7.83)	4.00	43.47
2007—2009	2007—2008 (2)	2009 (1)	2008 (44.43)	2009 (−23.42)	3.00	67.85

（续）

波动周期	上升阶段①	下降阶段①	波峰②	波谷②	波长	波幅
2010—2014	2010—2011 (2)	2012—2014 (3)	2011 (45.52)	2014 (−9.89)	5.00	55.41
2015—2017	2015—2016 (2)	2017 (1)	2016 (21.26)	2017 (−16.77)	3.00	38.03
2018—2020	2018—2019 (2)	2020 (1)	2019 (63.62)	2018 (−15.55)	3.00	79.18
平均	2.56	2.00	39.99	−11.19	4.56	50.75

注：①括号内为年数；②括号内为生猪价格环比增长率。

表 4－2　1985 年以来生猪价格波动周期及形成原因

周期区间	波峰	峰谷差	价格大幅波动原因及演变
1986—1991	1988 年 12 月	—	政策冲击：生猪购销价格放开。 1985 年生猪购销价格放开，生猪生产积极性大增；1986 年因供给过剩导致“卖猪难”，导致养殖积极性下降；1987 年因生猪供应紧张导致价格上涨；1988 年末生猪价格上涨至波峰，同时价格上涨刺激生产，猪肉价格下降
1991—1996	1994 年 12 月，13.32 元/千克	—	宏观经济冲击：通货膨胀。 1990—1991 年生猪价格低迷导致生产积极性下降；1992 年因生猪供应紧张导致价格上涨，叠加通货膨胀；1994 年末生猪价格上涨至波峰，同时价格上涨刺激生产，猪肉价格下降
1996—2002	1997 年 2 月，14.07 元/千克	5.6 元/千克（66.1%）	饲料价格冲击：饲料价格上涨。 1995 年末至 1996 年初饲料价格上涨，养殖收益下降，养殖场户提前出栏且补栏积极性下降；1996 年下半年因生猪供给紧张导致价格上升；1997 年初生猪价格上涨至波峰，同时价格上涨刺激生产，猪肉价格下降
2002—2006	2004 年 9 月，15.21 元/千克	5.47 元/千克（56.2%）	疫情冲击：SARS 疫情。 在生猪价格低位形势下，2003 年 SARS 疫情宰杀母猪、补栏停滞；2003 年底生猪供需矛盾突出导致价格上涨；2004 年 9 月生猪价格上涨至波峰，同时价格上涨刺激生产，猪肉价格下降

（续）

周期区间	波峰	峰谷差	价格大幅波动原因及演变
2006—2010	2008 年 2 月，26.08 元/千克	15.5 元/千克（146.5%）	疫情冲击：猪蓝耳病。 2006 年 4 月猪蓝耳病暴发导致生猪供给下降；2007 年 5 月因生猪供应紧张导致价格上涨；2008 年 2 月上涨至波峰，同时价格上涨刺激生产，猪肉价格下降
2010—2014	2011 年 9 月，30.35 元/千克	14.31 元/千克（89.2%）	疫情冲击：猪口蹄疫叠加仔猪流行性腹泻。 2010 年生猪口蹄疫在部分地区暴发、仔猪流行性腹泻在全国暴发，导致能繁母猪存栏下降，进而猪肉产量下降；2010 年下半年因生猪供应紧张导致价格上涨；2011 年 9 月上涨至波峰，同时价格上涨刺激生产，猪肉价格下降
2014—2018	2016 年 6 月，31.29 元/千克	11.59 元/千克（58.8%）	政策冲击：环保政策约束增强。 2014 年国家环保风暴导致生猪供给下降；2014 年下半年因生猪供应紧张导致价格上涨；2016 年 6 月上涨至波峰，同时价格上涨刺激生产，猪肉价格下降
2018—2020	2020 年 2 月，58.89 元/千克	39.37 元/千克（201.7%）	疫情冲击：非洲猪瘟叠加新冠肺炎疫情。 2018 年 8 月非洲猪瘟暴发导致生猪供给下降；2019 年因生猪供需矛盾突出导致价格上涨；2020 年叠加新冠肺炎疫情，2020 年 2 月上涨至波峰，同时价格上涨刺激生产，猪肉价格下降

数据来源：农业农村部对全国 500 个县集贸市场的定点监测数据。

注：因 1986—1993 年缺少相同统计口径的月度价格数据，故第一次和第二次峰谷差的计算暂时空缺。但可以根据相关年份《中国物价年鉴》对生猪价格的综述分析和生猪收购价格指数统计数据判断第一个周期中 1986 年是波谷，1988 年末价格到达此轮价格周期的波峰，1991 年又降至谷底。括号内为波峰价格相对于波谷价格的增长幅度。

二、生猪生产波动周期测定

（一）分析方法及数据说明

1. 分析方法

本研究采用 H－P（Hodrick－Prescott）滤波法将生猪生产指标和生猪价格指标数据分解为趋势成分和周期成分；然后运用谱分析方法进一步对周期成分进行分析，将生猪生产指标和生猪价格指标时间序列的周期成分分解为数个周期分量的叠加，研究和比较各分量的周期变化，通过周期图确定其主周期和次周期，揭示该时间序列的频域结构，把握其主要波动特征。

（1）H－P滤波法

采用非平稳时间序列进行谱分析，可能会得到原本不相关的序列假性相关的结果。时间序列的均值和方差的趋势在谱分析中往往被特别关注，因为低频成分产生大的频谱值，并影响相邻频率，需要对非平稳时间序列进行处理。通常处理非平稳性的方法是通过差分去除随机趋势，但差分可能会放大时间序列的高频成分（Pedregal，2000）。因此，首先使用H－P滤波法来分解生猪生产和生猪价格等各变量的时间序列，消除其随机趋势，提取其周期成分，然后对数据的周期成分进行分析。

H－P滤波法基本原理是把经济时间序列 Y_t 分解为趋势成分和周期成分，Y_t^T 是其中的趋势成分，Y_t^c 指其中的周期波动成分。则有

$$Y_t = Y_t^T + Y_t^c,\ t = 1,\ 2,\cdots,\ T \qquad (4-1)$$

时间序列中 Y_t^T 是式（4－2）最小化问题的解：

$$\min\left\{\sum_{t=1}^{T}(Y_t - Y_t^T)^2 + \lambda\sum_{t=1}^{T}\left[(Y_{t+1}^T - Y_t^T) - (Y_t^T - Y_{t-1}^T)\right]^2\right\} \qquad (4-2)$$

其中，$\sum_{t=1}^{T}(Y_t - Y_t^T)^2$ 是对周期成分的度量，$\sum_{t=1}^{T}\left[(Y_{t+1}^T - Y_t^T) - (Y_t^T - Y_{t-1}^T)\right]^2$ 则是对趋势成分平滑程度的度量，λ 是平滑参数。H－P滤波依赖于平滑参数的取值，来决定给定时间序列被“平滑”的程度。

（2）谱分析

谱分析弥补了时域分析的不足，将时间序列看作不同振幅、相位、频率等周期分量的叠加，衡量各周期分量的相对重要性，找出主要周期分量，以研究序列在频域里的结构特征。依据此原理，具有平稳随机过程的时间序列 Y_t 可以用正弦、余弦函数组成的联合函数精确地再现出来。

余弦函数 $Y_t = A\cos(\omega_0 t + \varphi_0)$ 运动轨迹是一个周期图形，振幅为

A，角频率为 ω_0，周期为 $2\pi/\omega_0$，频率等于 $\omega_0/2\pi$，相位是 φ_0。因此，这一周期函数的波动特征可以用振幅 A 和角频率 ω_0 表示为：

$$f(\omega)=\begin{cases}A^2 & \omega=\omega_0\\ 0 & \omega\neq\omega_0\end{cases} \tag{4-3}$$

其中，$f(x)$ 为 Y_t 的功率谱密度函数。

对于 i 个周期叠加而成的周期波动，同样可以用余弦函数表示如下：

$$Y_t=A_0+\sum_{m=1}^{i}A_m(\cos\omega_m t+\varphi_m) \tag{4-4}$$

进一步表示为：

$$Y_t=A_0+\sum_{m=1}^{i}(A_m\cos\omega_m t\cos\varphi_m-A_m\sin\omega_m t\sin\varphi_m) \tag{4-5}$$

令 $a_m=A_m\cos\varphi_m$，$b_m=A_m\sin\varphi_m$，上式可改写为：

$$Y_t=A_0+\sum_{m=1}^{n}\left[a_m\cos\left(2\pi\times\frac{mt}{N}\right)-b_m\sin\left(2\pi\times\frac{mt}{N}\right)\right] \tag{4-6}$$

式中，t 为时间指数，其范围从 1 到 N，为样本容量，$n=N/2$。Y_t 在频率为 m/N 时的频谱密度定义为：

$$I(f_m)=N(a_m^2+b_m^2),\ m=1,\ 2,\ \cdots,\ n \tag{4-7}$$

因此，根据谱密度公式计算出谱密度值，确定 Y_t 主周期长度。

2. 数据说明

生猪养殖包括能繁母猪配种、妊娠、仔猪育肥以及生猪出栏等环节，不同环节周期又受到多种因素影响，各环节间波动或许会存在一定滞后期。因此，生猪产出波动选择能繁母猪存栏量、生猪存栏量、生猪出栏量与猪肉产量四个指标进行剖析，生猪价格波动选择猪肉价格指标进行剖析。为了数据便于对比分析，考虑到数据的可获取性，生猪存栏量、生猪出栏量和猪肉产量选取 1949 年以来的年度数据，能繁母猪存栏量选取 1985 年以来的年度数据，猪肉价格选取 1994 年 6 月以来的月度数据。以上数据主要来源于《中国畜牧业统计》（历年）、FAOSTAT 数据库以及布瑞克数据库等。

（二）生猪生产波动周期测定

1. 平稳性检验与 H-P 滤波分解

（1）平稳性检验

由于谱分析要求时间序列具有平稳性特征，因此对 1949—1984 年生猪存栏量、生猪出栏量和猪肉产量序列，以及 1985—2020 年生猪存栏量、能繁母猪存栏量、生猪出栏量和猪肉产量进行单位根检验，发现以上序列均存在单位根（表 4-3 和表 4-4）。

表 4-3　1949—1984 年生猪生产指标 ADF 检验结果

变量	*ADF* 值	5%临界值	*P* 值
生猪存栏量	−2.204	−3.56	0.488
生猪出栏量	−1.805	−3.56	0.702
猪肉产量	−1.406	−3.56	0.859

表 4-4　1985—2020 年生猪生产指标 ADF 检验结果

变量	*ADF* 值	5%临界值	*P* 值
生猪存栏量	−2.49	−3.56	0.333
能繁母猪存栏量	−1.919	−3.56	0.645
生猪出栏量	0.591	−3.56	0.997
猪肉产量	1.087	−3.56	1.000

（2）H-P 滤波分解

通过 H-P 滤波法对 1949—1984 年生猪存栏量、生猪出栏量和猪肉产量进行滤波分解，将其趋势成分与周期成分进行分离，H-P 滤波分解结果在图 4-3 至图 4-5 中汇报。经过 H-P 滤波过滤掉趋势成分后，再次进行单位根检验，序列为平稳序列（表 4-5），符合谱分析的前提条件。

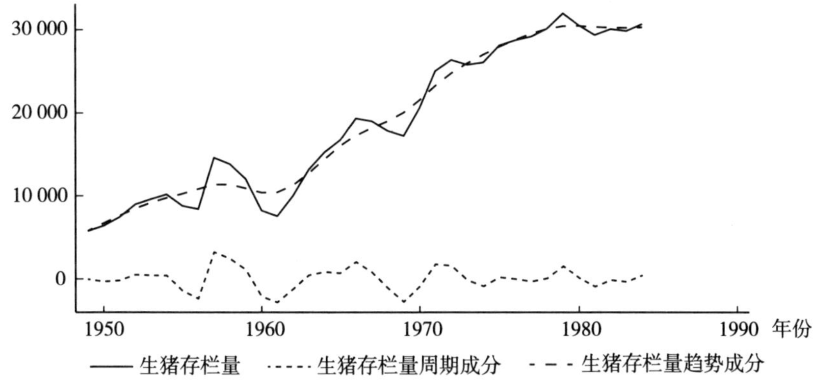

图 4 - 3　1949—1984 年生猪存栏量 H - P 滤波分解结果

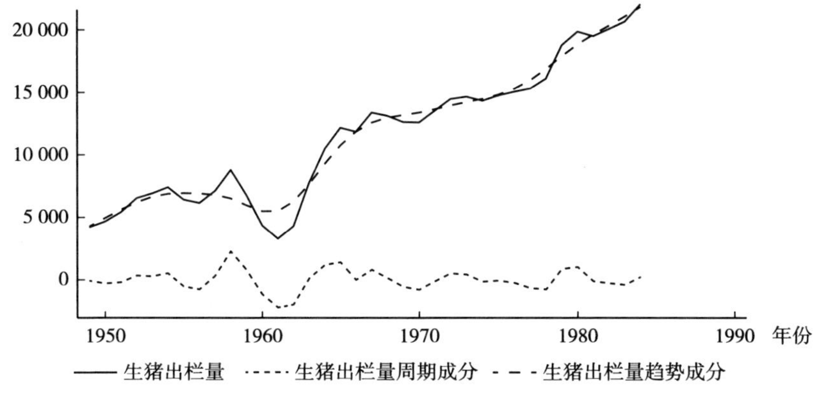

图 4 - 4　1949—1984 年生猪出栏量 H - P 滤波分解结果

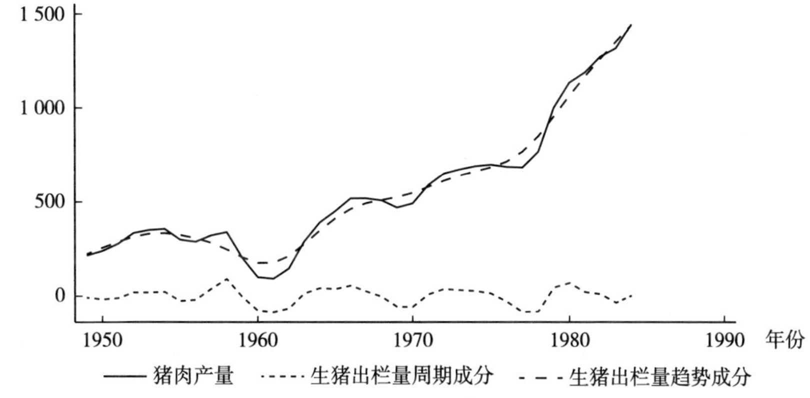

图 4 - 5　1949—1984 年猪肉产量指标 H - P 滤波分解结果

表 4-5　1949—1984 年生猪生产指标周期成分序列 ADF 检验结果

变量	*ADF* 值	5%临界值	*P* 值
生猪存栏量	−4.021	−2.972	0.001
生猪出栏量	−3.534	−2.972	0.007
猪肉产量	−3.292	−2.972	0.015

通过 H-P 滤波法对 1985—2020 年生猪存栏量、能繁母猪存栏量、生猪出栏量和猪肉产量进行滤波，将其趋势成分与周期成分进行过滤，H-P 滤波分解结果在图 4-6 至图 4-9 中显示。经过 H-P 滤波处理后，再次进行单位根检验，序列为平稳序列（表 4-6），符合谱分析的前提条件。

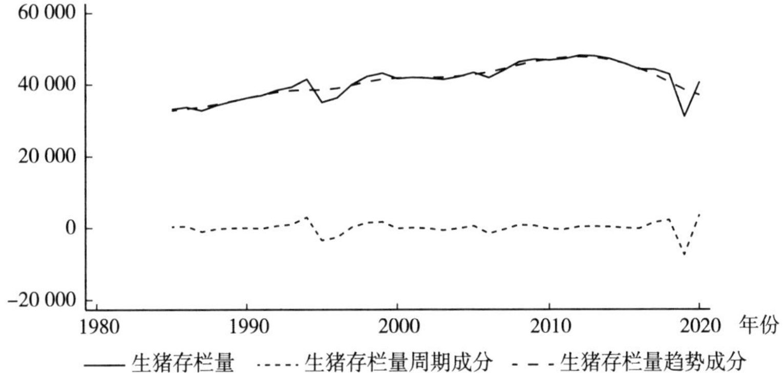

图 4-6　1985—2020 年生猪存栏量 H-P 滤波分解结果

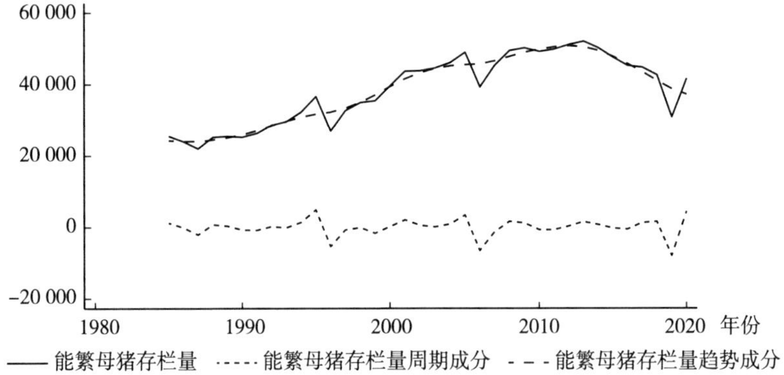

图 4-7　1985—2020 年能繁母猪存栏量 H-P 滤波分解结果

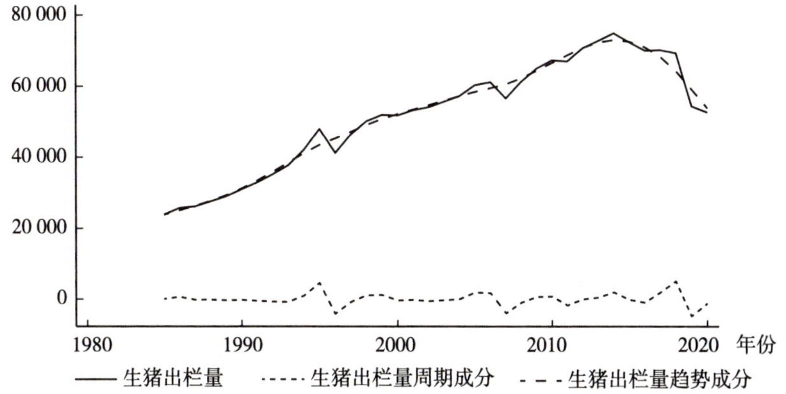

图 4－8　1985—2020 年生猪出栏量 H－P 滤波分解结果

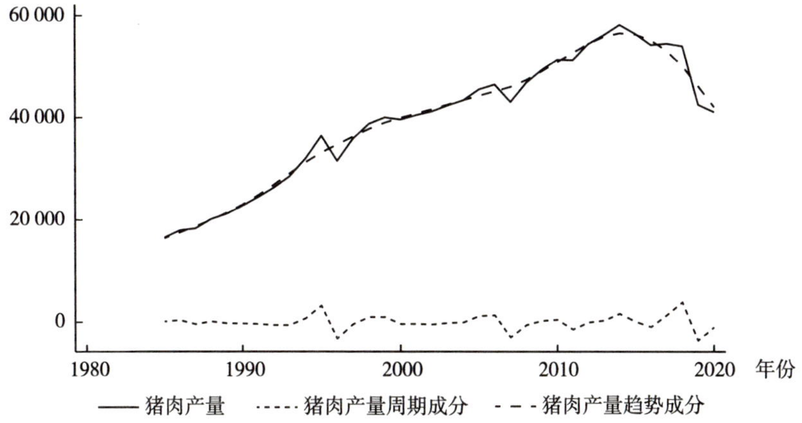

图 4－9　1985—2020 年猪肉产量指标 H－P 滤波分解结果

表 4－6　1985—2020 年生猪生产指标周期成分序列 ADF 检验结果

变量	*ADF* 值	5%临界值	*P* 值
生猪存栏量	−7.737	−2.972	0.000
能繁母猪存栏量	−7.94	−2.972	0.000
生猪出栏量	−6.772	−2.972	0.000
猪肉产量	−6.857	−2.972	0.000

2. 生猪生产周期测定

首先通过对生猪年末存栏量、生猪出栏量和猪肉产量等指标自相关图的观察，形成对生猪生产周期的初步粗略判断；接下来使用基于谱分析的周期图方法对生猪生产周期进行测度，以形成对生猪生产波动周期的精准确定。

（1）基于自相关图的初步判断

通过绘制生猪生产指标自相关图，可粗略判断生猪生产波动周期。分别使用1949—1984年生猪年末存栏量、生猪出栏量、猪肉产量经H-P滤波法分解得到的周期成分绘制自相关图（图4-10至图4-12），使用"谷—谷"法初步判断生猪生产波动周期。从图中可以看到，若用从一个低谷到另一个低谷的长度作为一个周期，生猪年末存栏量、生猪出栏量、猪肉产量均存在7年左右的周期。

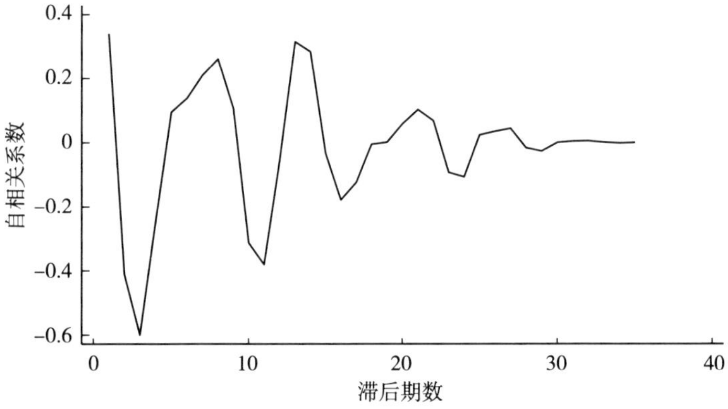

图4-10　1949—1984年生猪存栏量自相关图

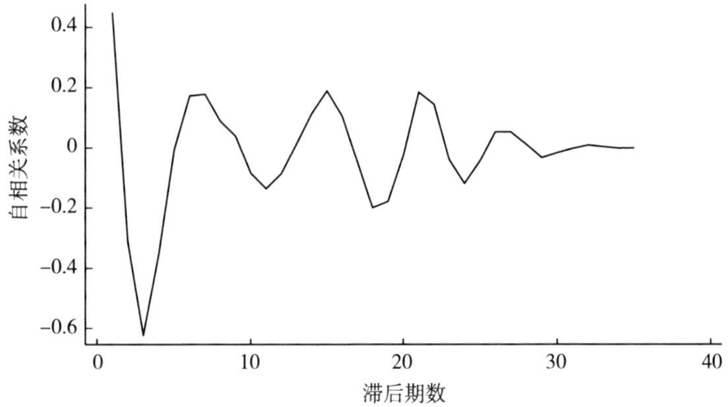

图4-11　1949—1984年生猪出栏量自相关图

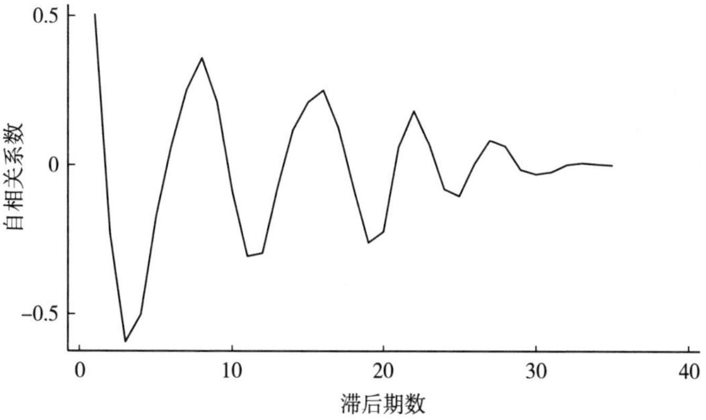

图 4-12　1949—1984 年猪肉产量自相关图

使用 1985—2020 年生猪年末存栏量、能繁母猪存栏量、生猪出栏量、猪肉产量经 H-P 滤波法分解得到的周期成分绘制自相关图（图 4-13 至图 4-16），使用“谷—谷”法初步判断生猪生产波动周期。从图中可以看到，若用从一个低谷到另一个低谷的长度作为一个周期，生猪年末存栏量、能繁母猪存栏量、生猪出栏量、猪肉产量均存在 4 年左右的周期。

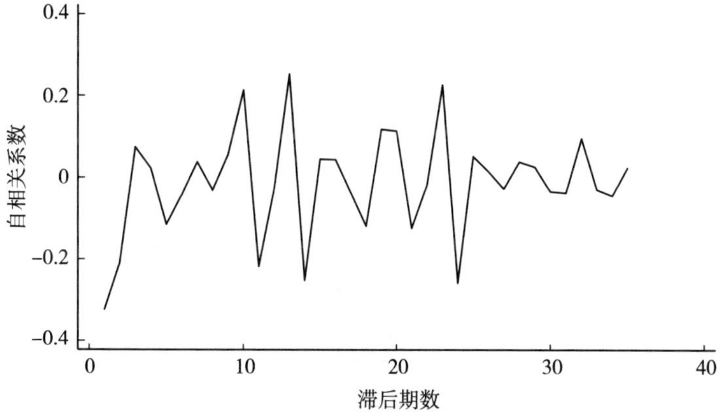

图 4-13　1985—2020 年生猪存栏量自相关图

（2）基于生猪生产指标周期图的定量测度

在通过自相关图初步粗略判断生猪生产波动周期的基础上，进一步通过基于谱分析的周期图方法定量测度生猪生产周期。

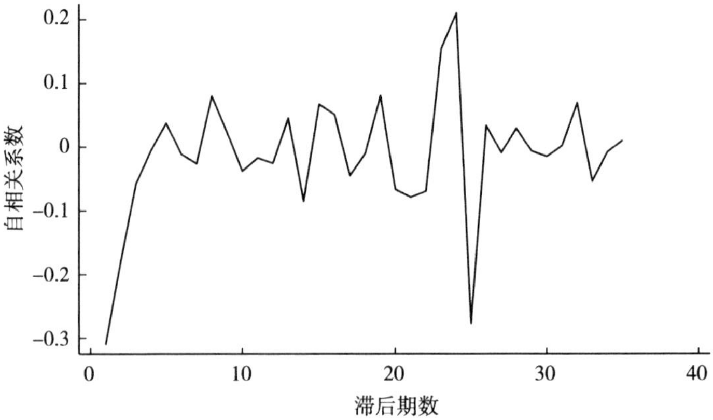

图 4－14　1985—2020 年能繁母猪存栏量自相关图

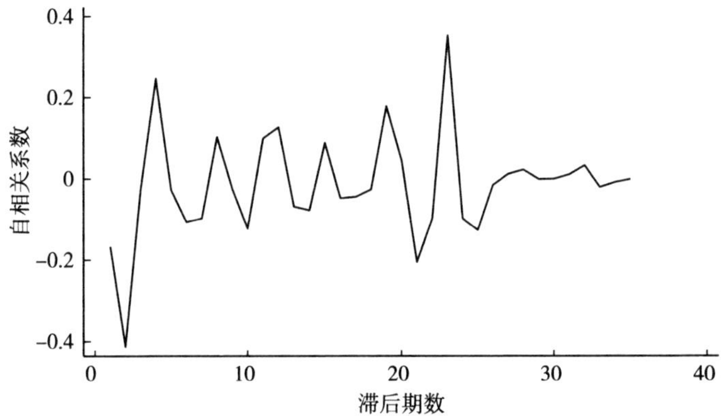

图 4－15　1985—2020 年生猪出栏量自相关图

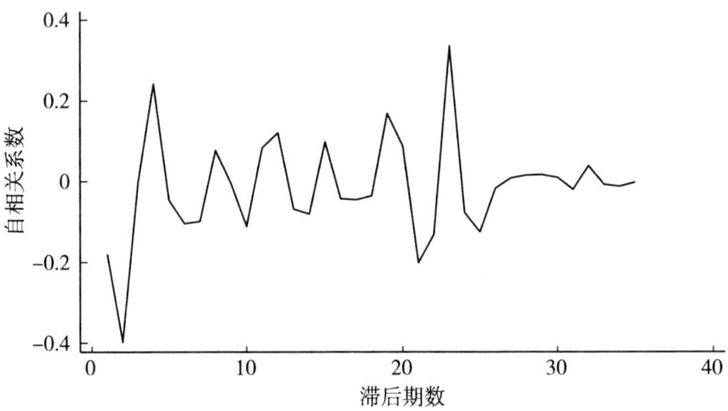

图 4－16　1985—2020 年猪肉产量自相关图

1949—1984 年生猪存栏量、生猪出栏量和猪肉产量各序列周期图见图 4-17 至图 4-19。生猪存栏量在频率为 0.138 9 和 0.222 2 处分别存在第一谱峰和第二谱峰，对应周期分别为 7.20 年和 4.50 年；生猪出栏量在频率 0.138 9 和 0.194 4 处分别存在第一谱峰和第二谱峰，对应周期分别为 7.20 年和 5.14 年；猪肉产量在频率 0.138 9 和 0.222 2 处分别存在第一谱峰和第二谱峰，对应周期分别为 7.20 年和 4.50 年（表 4-7）。综合来看，可以确定 1949—1984 年生猪生产波动周期为 7.2 年。这一阶段生猪波动周期主要受粮食周期等周期性外部因素影响决定。

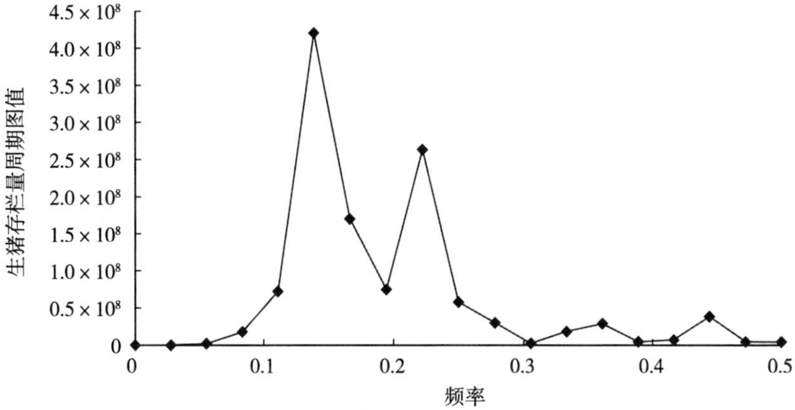

图 4-17　1949—1984 生猪存栏量周期图

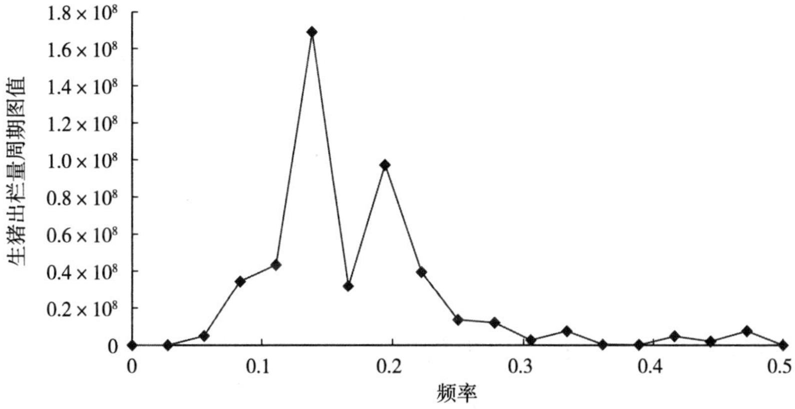

图 4-18　1949—1984 年生猪出栏量周期图

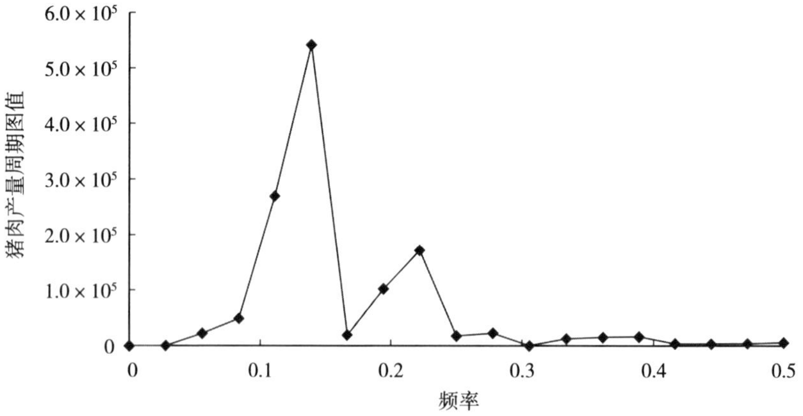

图 4-19　1949—1984 年猪肉产量周期图

表 4-7　1949—1984 年生猪生产指标谱分析频率及周期值

序列	频率		周期值（年）	
	主频率	次频率	主周期	次周期
生猪存栏量	0.138 9	0.222 2	7.20	4.50
生猪出栏量	0.138 9	0.194 4	7.20	5.14
猪肉产量	0.138 9	0.222 2	7.20	4.50

1995—2020 年生猪存栏量、生猪出栏量和猪肉产量各序列周期图见图 4-20 至图 4-22。生猪存栏量在频率为 0.250 0 和 0.388 9 处分别存在第一谱峰和第二谱峰，对应周期分别为 4.00 年和 2.57 年；能繁母猪存栏量在频率 0.305 6 和 0.388 9 处分别存在第一谱峰和第二谱峰，对应周期分别为 3.27 年和 2.57 年；生猪出栏量在频率 0.250 0 和 0.305 6 处分别存在第一谱峰和第二谱峰，对应周期分别为 4.00 年和 3.27 年；猪肉产量在频率 0.250 0 和 0.305 6 处分别存在第一谱峰和第二谱峰，对应周期分别为 4.00 年和 3.27 年（表 4-8）。综合来看，可以确定 1985—2000 年生猪生产波动周期为 4 年。此阶段，在技术进步的作用下，生猪生产波动周期较 1949—1984 年阶段明显缩短。

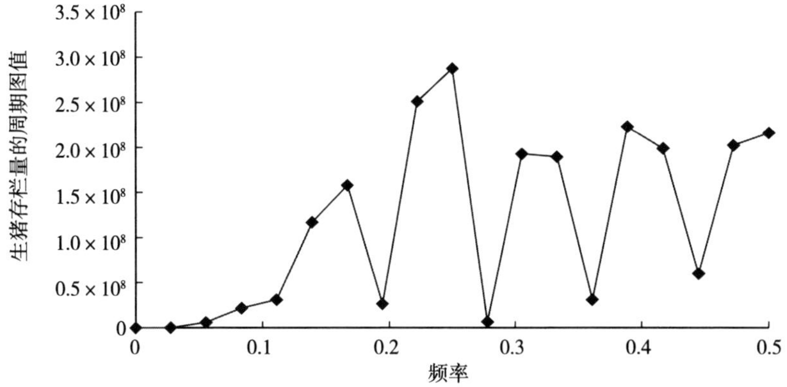

图 4-20　1985—2020 年生猪存栏量周期图

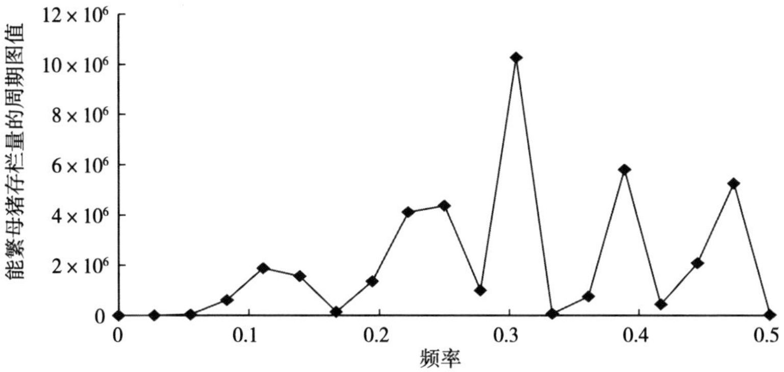

图 4-21　1985—2020 年能繁母猪存栏量周期图

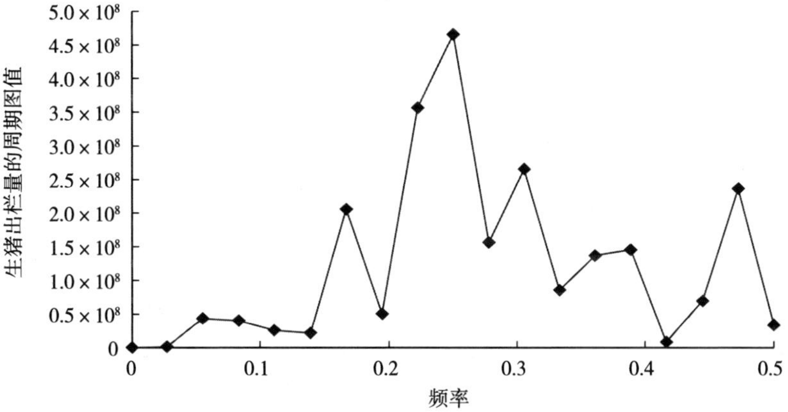

图 4-22　1985—2020 年生猪出栏量周期图

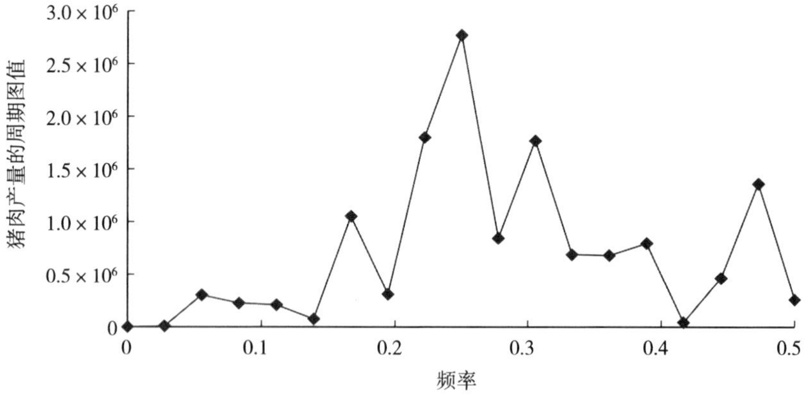

图 4-23　1985—2020 年猪肉产量周期图

表 4-8　1985—2020 年生猪生产指标谱分析频率及周期值

序列	频率		周期值（年）	
	主频率	次频率	主周期	次周期
生猪存栏量	0.250 0	0.388 9	4.00	2.57
能繁母猪存栏量	0.305 6	0.388 9	3.27	2.57
生猪出栏量	0.250 0	0.305 6	4.00	3.27
猪肉产量	0.250 0	0.305 6	4.00	3.27

（三）猪肉价格波动周期测定

1. 平稳性检验与 H-P 滤波分解

（1）平稳性检验

由于频谱分析要求时间序列具有平稳性特征，因此对猪肉价格序列进行单位根检验，发现猪肉价格序列存在单位根（表 4-9）。

表 4-9　猪肉价格序列单位根检验结果

变量	*ADF* 值	5%临界值	*P* 值
猪肉价格	−1.064	−3.427	0.9349

（2）H-P 滤波分解

通过 H-P 滤波法对猪肉价格月度数据的趋势成分与周期成分进

行分解，H－P 滤波分解结果在图 4－24 中汇报。经过 H－P 滤波处理后保留时间序列的周期循环成分，再次进行单位根检验，结果为 0.000，序列为平稳序列，符合谱分析的前提条件（表 4－10）。

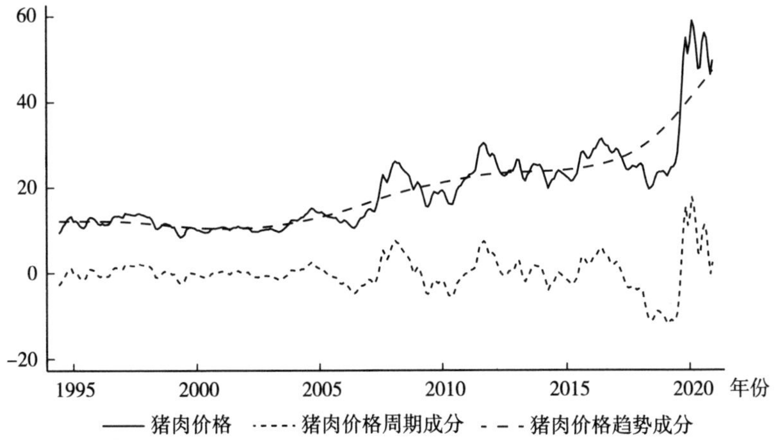

图 4－24　猪肉价格 H－P 滤波分解结果

表 4－10　猪肉价格 H－P 滤波序列单位根检验结果

变量	*ADF* 值	5%临界值	*P* 值
猪肉价格	－2.946	－2.877	0.000

2. 猪肉价格周期测定

首先通过对猪肉价格序列自相关图的观察，形成对猪肉价格周期的初步粗略判断；接下来使用基于谱分析的周期图方法对猪肉价格周期进行测度，以形成对猪肉价格波动周期的定量测度。

（1）基于自相关图的初步判断

使用 1994—2020 年猪肉价格 H－P 滤波后的周期成分绘制自相关图（图 4－25），使用“谷—谷”法初步判断猪肉价格波动周期。从图中可以看到，若用从一个低谷到另一个低谷的长度作为一个周期，猪肉价格存在 43 个月左右的周期。

（2）基于猪肉价格周期图的定量测度

在通过自相关图初步粗略判断猪肉价格波动周期的基础上，进一

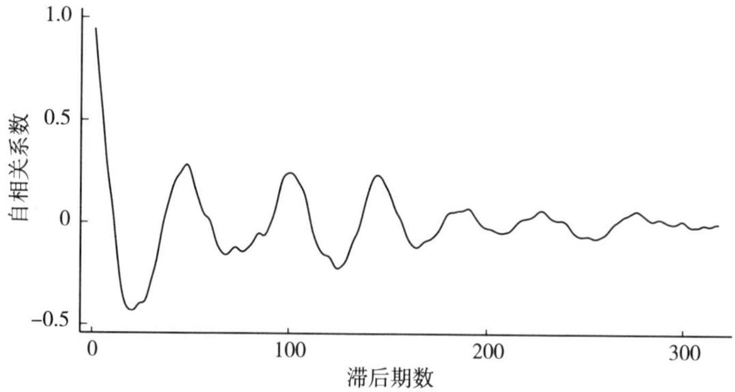

图 4-25　1985—2020 年猪肉价格的自相关图

步通过基于谱分析的周期图方法定量测度猪肉价格周期。为了定量测度猪肉价格的波动周期长度，使用谱分析的周期图方法对猪肉价格指标进行频谱分析，各变量频率及周期长度见图 4-26 和表 4-11。猪肉价格在频率为 0.022 和 0.028 处分别存在第一谱峰和第二谱峰，对应周期为 45.66 个月和 35.71 个月，即 3.81 年和 2.98 年。

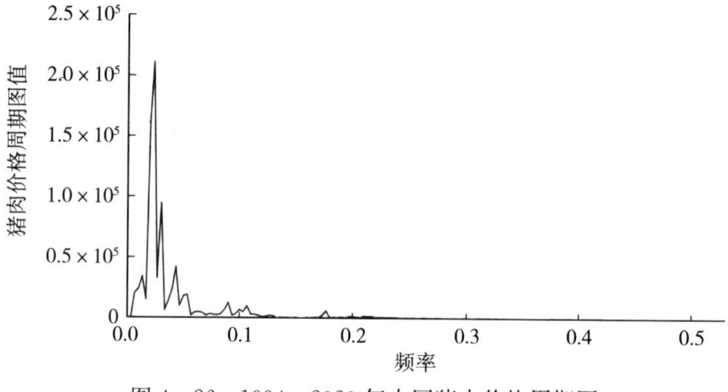

图 4-26　1994—2020 年中国猪肉价格周期图

表 4-11　1994—2020 年中国猪肉价格谱分析频率及周期值

序列	频率		周期值（月）	
	主频率	次频率	主周期	次周期
猪肉价格	0.022	0.028	45.66	35.71

注：以上猪肉价格周期为月度数据，如果按照年度周期计算，则主周期为 3.81 年，次周期为 2.98 年。

三、生猪生产波动影响因素分析

（一）生猪生产波动影响因素梳理

猪周期是由供给需求不平衡导致的猪肉（或生猪）价格周期性变化。由于畜产品的生产不是即时的，通常需要一定的时间阶段，也正是由于供给端无法即时改变生产数量，所以供应数量相对于市场价格的调整会出现延迟。所以，猪周期是客观存在的。“猪周期”的循环轨迹一般是：猪肉价格上涨—能繁母猪存栏数量大幅增加—生猪出栏增加—猪肉供给大于需求—猪肉价格下跌—大量淘汰能繁母猪—生猪出栏减少—猪肉供给小于需求—猪肉价格上涨。猪肉价格上涨刺激生产端积极性造成供给增加，供给增加造成猪肉价格下跌，猪肉价格下跌打击生产积极性造成供给短缺，供给短缺又使得猪肉价格上涨，循环往复，即形成“猪周期”（图 4－27）。各个国家都存在猪周期，已有文献对美国、德国、英国、加拿大等国生猪生产波动周期测度的结果见表 4－12。上文中对中国生猪生产波动的周期测度结果显示，1949—1984 年，中国生猪生产波动周期主要受粮食周期等周期性外部因素影响决定，周期相对较长，长度为 7.2 年；1985—2020 年，

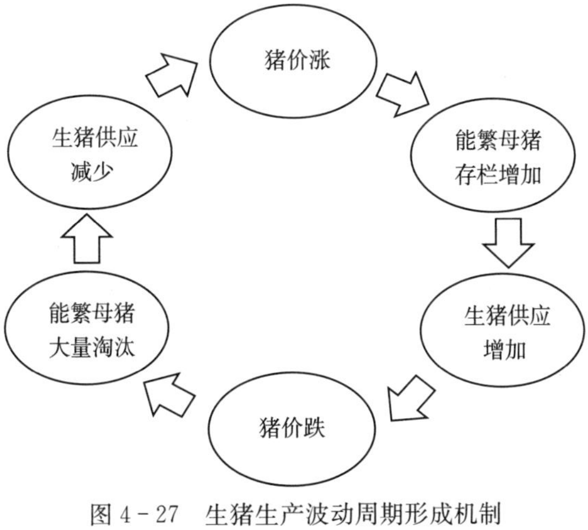

图 4－27　生猪生产波动周期形成机制

在技术进步的作用下生猪产量波动周期明显缩短，长度为4.0年。

表4-12 部分国家猪肉价格周期测度

国家	测度指标	阶段	周期长度（月）	测度方法	来源
美国	猪肉价格	1949—1965 1969—1985	84，48 36	Time series analysis (ARIMA)	Shonkwiler and Spreen (1986)
美国	猪肉价格	1910—2004	60～36	TV-STAR Time-varying smooth transition autoregressive model	Holt and Craig (2006)
美国	猪粮比价	1964—1971	48	Harmonic analysis-Multi-Frequency Cobweb Model	Talpaz (1974)
美国	猪粮比价	1952—1968	48	Harmonic analysis, Ordinary Least Squared	Jelavich (1973)
美国	猪肉价格	1925—1959	48	Visual inspection	Harlow (1960)
美国	猪肉价格	1970—1979	33	Harmonic analysis	Plain and Williams (1981)
美国	猪肉价格	1974—2009	48	Hodrick-Prescott-Filter	Holst and von Cramon-Taubadel (2012)
德国	猪肉价格	1896—1914	48～36	Visual inspection	Hanau (1928)
德国	猪肉价格	1974—2008	45	Hodrick-Prescott-Filter	Holst and von Cramon-Taubadel (2012)
英国	猪肉价格	1921—1933	48	Visual inspection	Coase and Fowler (1935)
加拿大	猪肉价格	1949—1972	48～36	Harmonic analysis	Kulshreshtha and Wilson (1973)

注："猪粮比价"均是生猪价格和玉米价格比值。

影响生猪波动的因素主要包括生猪生产的内在机制和外部冲击，其中外部冲击包括周期性外部因素和随机性外部冲击。周期性外部因素和生猪生产的内在机制共同决定了生猪生产波动周期，随机性外部冲击则打乱了原有周期的长度和振幅。

1. 内在机制

生猪生产内在机制包括生猪繁殖生长的生物学机制和生猪供需变

动的经济学机制两大方面。

（1）生猪繁殖生长的生物学机制

生猪生产首先受到生物机制的制约，生猪生长周期相对固定。在目前技术水平下，生猪生产生长周期从二元母猪补栏到其生产的仔猪育肥出栏大约需要 13 个月的时间，其中从二元母猪补栏到个体成熟需要将近 4 个月时间，然后配种，从妊娠到产仔需 4 个月时间，仔猪需要 25 天左右断奶，从仔猪育肥到出栏需 4～5 个月时间（图 4－28）。因此，能繁母猪是生猪生产的基础，能繁母猪数量的变化直接影响生猪生产量的波动，生猪生产波动首先是从能繁母猪的波动开始。当养殖效益好时，养殖场户要想扩大生猪生产，必须首先增加能繁母猪，然后经过 13 个月时间，生猪出栏量增加效果显现；反之，养殖场户会通过提前淘汰或宰杀能繁母猪，减少能繁母猪数量，压缩生猪生产。能繁母猪数量与其提供的生猪出栏量存在时滞关系，会加剧生猪市场的波动。当市场供过于求，而且能繁母猪产能过剩时，产能调整需要一定的时间阶段，可能在短时间内生猪的市场供给并不减少，反而会增加，加剧市场波动；当能繁母猪数量减少，市场供给短缺时，能繁母猪产能恢复较慢，难以在短时间内满足生猪的市场需求。

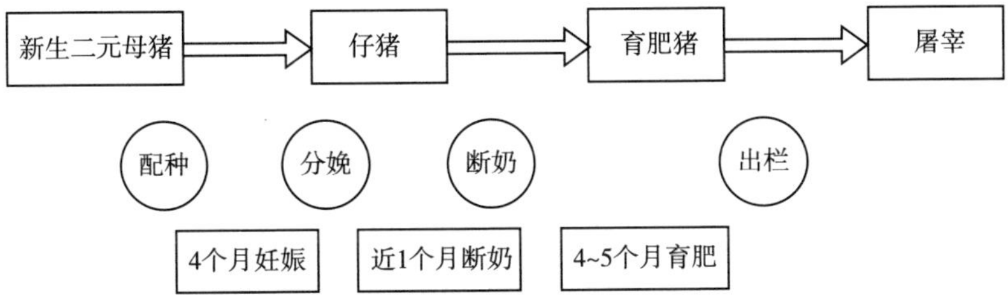

图 4－28　生猪生产周期

（2）生猪供需变动的经济学机制

生猪价格围绕生猪的价值规律以“均衡价格”为中心上下波动，生猪生产对需求的反应以及供给对价格的反应存在时间差，在市场机制自发调节的状况下，生猪市场必然发生周期性波动（图 4－29）。1996 年前后中国生猪发展状况发生了变化。在 1996 年以前，中国生猪供给短缺加上通货膨胀对生猪市场的影响，生猪价格增加，生产者扩大生产仍然不能满足市场需要，当时的供需关系决定了生产价格不会因产量增加而下降；1996 年以后，中国主要农产品全面进入供求基本平衡、丰年有余的阶段，产量大幅增加会造成供给过剩，从而导致价格下降；同时生猪生产和价格之间存在着相互作用的关系，猪肉价格上涨，促进生产端增加产量，市场供给增多，造成市场供大于求，随之而来的是价格下降，导致生产者无利可图，生产者减少产量，价格上升，再次导致供给不足，形成一个循环周期。这就是蛛网模型揭示的价格和生产之间的循环运动。

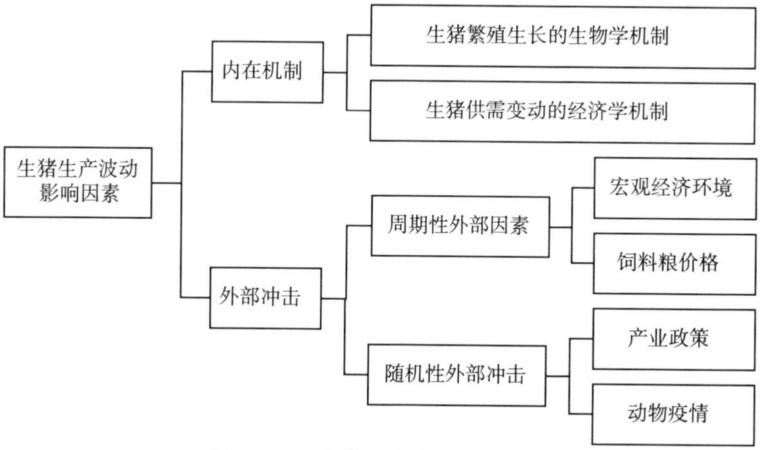

图 4－29　生猪生产波动影响因素

2. 外部冲击

生猪生产外部冲击包括宏观经济环境、饲料粮价格等周期性外部冲击，也包括产业政策、动物疫情等随机性外部冲击。

（1）周期性外部冲击

其一，国民经济。一般来说，宏观经济对生猪生产波动的影响表现在两个方面：当 GDP 高速增长时，一方面在市场机制的作用下，农业土地、劳动力、资金等资源急剧向工业和城市流动，养猪比较效益偏低，养猪户大量空栏，生猪生产速度将逐步减缓；另一方面居民收入快速增加和农村劳动力大量进入城市，使农产品需求急剧上升，国内猪肉消费快速增加。这种生猪供需的一增一减促使生猪价格快速上升，价格快速上升刺激养殖场户扩大生猪生产。反之，当经济不景气时，城市用工特别是沿海城市工厂用工减少，大量务工农民返乡，返乡农民有一部分可能加入养猪业队伍，造成生猪生产增加，另外农民返乡后猪肉消费大幅下降，城市低收入人群的消费也会因收入减少受到影响，生产增加和消费下降共同作用促使生猪价格下降，猪价低迷使生猪养殖陷入低谷。由上分析可知宏观经济波动不仅会影响当年的生猪生产，还会影响此后一年或两年的生猪生产，宏观经济波动可能与当年猪肉产量变动方向相反，同次年猪肉产量的变动方向一致。

其二，饲料粮价格。饲料成本上涨，会使得生猪养殖成本提高，利润减少，养殖端生产积极性下降，打破了原有的生猪供给状况。饲料成本占生猪养殖成本的50%～70%，粮食产量直接决定了饲料的可供应量，从而影响猪肉产量。粮食产量的波动是造成生猪生产波动重要原因。生猪饲料主要以玉米和豆粕为主，其中玉米为主要饲料。玉米价格能够大致反映生猪饲养成本的变化情况，影响养殖场户行为决策，从而导致猪肉产量的变动。猪肉产量和玉米价格存在负相关关系。猪粮比价是衡量生猪养殖效益的传统指标。猪粮比价是指猪肉价格与玉米价格的比值。一般来讲，猪粮比价越高，说明养殖利润越高，反之，说明利润越低。生产者追求利益最大化，利润决定生产者的生产决策，从而直接影响猪肉产量。2021年6月国家发改委发布的《防止生猪价格过度下跌调控预案（暂行）》将生猪盈亏平衡点对应的猪粮比价由此前的5.5～5.8∶1调高到7∶1。通常认为，超过盈亏平衡点，生猪养殖有利可图，低于盈亏平衡点，则为亏损，并据此判断生猪养殖量的未来增减变动趋势。近年来，生猪生产成本结构发生了一些变化，仔猪价格和劳动力价格上涨使仔猪费用和劳动用工费用的比重增加，饲料中蛋白饲料（豆粕）的比重增加，相对来说玉米在生猪生产成本中的比重下降，但猪粮比价可以根据形势变化适当对盈亏平衡点进行微调，猪粮比价仍然可以有效地反映养猪利润，并以此来预测生产的变动。

其三，养殖方式。中国生猪小规模分散饲养是造成生猪生产波动的重要原因。2014 年环保约束明显趋紧以及 2018 年 8 月非洲猪瘟疫情暴发前，中国生猪养殖规模化程度总体偏低，中国大多数散养户由于多种原因容易同时进入或退出养猪业，形成聚合反应，造成生猪生产大的波动。一是散户养猪设施简陋，投资少，进退成本低，当猪价高时，就扩大生产，反之，就减少生产或退出，不会造成大的损失。二是农户散养生猪饲养相对粗放，容易传染疾病，而且农户防疫意识和知识欠缺，基层的动物疫病防控体系不健全，一旦疫病暴发，会造成大面积的传染死亡，使农户产生恐惧心理弃养，造成生产大幅下降。三是散养户农村信息渠道单一，农村信息服务化滞后，养殖场户接受市场信息渠道少，不容易得到及时有效的信息，缺乏市场判断和预测能力，难以根据市场需要安排生产，再加上中国生猪产业化程度低，中国大部分散户基本是盲目生产，具有很强的从众心理，经济行为带有相当程度的同步性，生猪生产容易出现“一哄而上”或“一哄而下”，结果造成生产大幅震荡。而规模化养殖则能克服散户生产的弊端，有利于生产的稳定。影响生猪周期性波动的根源点在于生猪生长的生物机制，而以散户为主的生产特点加剧了生猪生产周期性变化。

（2）随机性外部冲击

其一，动物疫病。动物疫病是畜禽养殖业面临的最大风险。重大生猪疫病暴发，一是会造成大量生猪死亡和个体生产性能的下降，直接导致猪肉产量的大幅下降；二是生猪疫病会使养殖场户产生恐慌情绪而弃养，引起生产上的较大波动；三是生猪疫病还可能影响到消费者的消费心理和行为，从而间接影响生猪生产。一方面，中国小规模养殖户生产方式落后、管理粗放、防疫意识不强，易导致疫病发生；另一方面，在当前畜牧业大发展的情况下，畜禽养殖密度增加和活畜禽流通也使动物疫病暴发的隐患增加，加之动物疫病防控体系不健全，易造成疫病的扩散和传播。近年来，中国生猪疫病呈现多发态势，对生产造成严重的影响。2006 年高致病性猪蓝耳病在南方暴发并蔓延至全国，发病仔猪数量高达千万头，死亡率50%以上。2008年受湿热天气以及饲养环境影响，长江中下游以及广东地区生猪肺病和猪瘟疫情严重。2010年广东发生O型口蹄疫疫情，随后甘肃、陕西、贵州、新疆、青海等地相继发生，疫情传播迅速、感染率高，主要危害能繁母猪生产性能和仔猪存活率。之后，蓝耳病大面积暴发，生猪需求量大幅下降，价格走低。疫情以及养殖亏损使得大量中小型养殖场户退出养殖业，大量规模猪场缩减生产规模，去产能较为彻底，造成生猪供给减少，导致2010下半年猪价持续上涨。2010年冬季至2011年春季，华东、华南和华北部分猪场先后发生严重的传染性腹泻疾病，各种抗生素防治无效，10日龄以内仔猪的死亡率高达100%，日龄偏大的仔猪和成猪可引起掉膘，导致机体抵抗力下降，诱发其他疾病。此次腹泻病复发性较高，持续时间长，导致仔猪供应不足，仔猪价格上涨迅速，并推动猪肉价格大幅上涨。2013—2015年，全国共计报告A型口蹄疫疫情26起，病例显示A型口蹄疫以感染母猪为主，对仔猪、育肥猪感染性不强，但根除困难。此次疫情虽然未形成全国性威胁，但在一定程度上冲击了消费信心，猪价有一定幅度下降。2015年各级政府出台一系列相关文件，加强对养殖环境的监管，行业连续亏损，大量散养户退出市场，行业去产能导致2015年猪价开始持续上涨，进入新一轮价格周期。2018年8月3日辽宁沈阳首次确认非洲猪瘟疫情，此后在河南、江苏、浙江、安徽、黑龙江等省份相继出现疫情，逐渐蔓延至全国，严重影响当期供应及后期仔猪补栏，造成能繁母猪数量和猪肉产量的绝对下降，引起了新一轮的波动。

其二，产业政策。政策对生猪价格的影响是多方面的，可能通过影响生猪需求来影响生猪价格，也可能通过影响生猪供给来影响生猪价格。最典型的是国家对生猪价格的直接制定和干预。1985年之前，国家对生猪实行统购统销政策，生猪价格完全由国家制定。1985年开始放宽生猪价格管制，使之前过度受压抑的生猪价格得到释放，导致生猪价格放开之后出现快速上涨。1992年中央提出全面建设社会主义市场经济之后，国家对生猪价格的干预措施明显减少，生猪政策由原先的直接价格干预变为在充分发挥市场机制的作用下对生猪价格采取宏观调控：一是实施生猪扶持政策，包括实行能繁母猪补贴、生猪生产大县补贴、规模养殖场补贴、鼓励金融机构给予生猪养殖企业融资便利等，这些政策推动了生猪供给的增加。二是实施生猪价格调控政策，即生猪价格过低时，国家收储部分猪肉，使市场上猪肉的供给减少，价格回升；生猪价格过高时，国家向市场投放部分储备猪肉，增加市场上的猪肉供给，以平抑猪肉价格过快上涨。无论是收储还是投放，都会对市场原有的平衡自动调节状况造成破坏，对未来生猪价格波动产生放大效益。2014 年以来实施的环保政策也对生猪产能、区域布局等产生了较为明显的影响。

（二）生猪生产外部冲击干预分析

1. 分析方法及数据说明

（1）分析方法

Box 和 Tiao（1975）提出干预分析模型为研究突发事件或经济政策变化等干预事件对时间序列的影响提供了有力的数学工具。该模型的形式是：

$$Y_t = y_t + N_t \tag{4-8}$$

式中，Y_t 是被研究的生猪生产指标或价格指标序列（表 4－13）。y_t 表示干预事件对 Y_t 序列的影响，也称为干预输出。N_t 表示 Y_t 剔除干预影响后的噪声序列。

表 4－13　因变量

因变量	样本区间
生猪存栏量	1985—2020 年
能繁母猪存栏量	1985—2020 年
生猪出栏量	1985—2020 年
猪肉产量	1985—2020 年
猪肉价格	1994 年 6 月—2020 年 12 月

$$y_t = \frac{\omega(B)B^b}{\delta(B)}\varepsilon_t \qquad (4-9)$$

式中，ε_t 表示干预输入，在本研究中体现为动物疫病和环保政策等阶段性波动因素。B 是滞后算子，即 $B^i\varepsilon_t=\varepsilon_{t-i}$；$\omega(B)$ 是 B 的 s 次多项式，$\omega(B)=\omega_0-\omega_1B-\cdots-\omega_sB^s$，测量干预输入最初的预期的影响；$\delta(B)$ 是 B 的 r 次多项式，$\delta(B)=1-\delta_1B-\cdots-\delta_rB^r$，测量干预输出或干预影响的持久程度；$b$ 代表干预输出的时间延迟，即干预事件在时刻 T 发生，其影响在时刻 $T+b$ 才开始显现。

N_t 在本研究中体现为生猪的生物机制等周期性波动因素，可用 $ARIMA(p, d, q)$ 模型表示，即：

$$N_t = \frac{\theta(B)}{\varphi(B)}a_t \qquad (4-10)$$

式中，a_t 为白噪声序列，$\theta(B)$ 是滞后算子 B 的 q 次多项式，$\theta(B)=1-\theta_1B-\cdots-\theta qB^q$；$\varphi(B)$ 是滞后算子 B 的 p 次多项式，$\varphi(B)=1-\varphi_1B-\cdots-\varphi_pB^p$。

干预输入 ε_t 有两种常用的表现形式。一种是阶跃函数形式，其表示干预事件在时刻 T 发生后，其影响一直持续下去：

$$\varepsilon_t = S_t^{(T)} = \begin{cases} 0 & t < T \\ 1 & t \geqslant T \end{cases}$$

另一种是脉冲函数形式，其表示干预事件在时刻 T 发生，只产生短暂影响：

$$\varepsilon_t = P_t^{(T)} = \begin{cases} 1 & t = T \\ 0 & t \neq T \end{cases}$$

由于脉冲函数可由阶跃函数的一阶差分产生，即 $P_t^T=(1-B)S_t^T$，因而干预输入的阶跃函数形式和脉冲函数形式可相互转化。

y_t 是由 ε_t、$\omega(B)$、$\delta(B)$ 的形式和 b 的取值共同决定的。$\delta(B)$ 通常取较简单的形式：$\delta(B)=1-\delta B$；若假定 $b=1$，则 $y_t=\frac{\omega_0B}{1-\varphi B}s_t^{(T)}$，其中 $0\leqslant\delta\leqslant1$。

当 $\delta=0$ 时，$y_t=\omega_0BS_t^{(T)}$，表示干预的影响在时刻 $T+1$ 才显现，

此后该影响保持不变；当 $\delta=1$ 时，$y_t=\frac{\omega_0 B}{1-B}S_t^{(T)}$，表示干预的影响自时刻$T+1$ 起呈无限线性增长；当 $0<\delta<1$ 时，则干预的影响自时刻 $T+1$ 起呈非线性增长。

同理，当干预输出为 $y_t=\frac{\omega_0 B}{1-\delta B}P_t^{(T)}$（$0\leqslant\delta\leqslant1$）时，若 $\delta=1$，$y_t=\frac{\omega_0 B}{1-B}P_t^{(T)}$，表示实际影响状况与 $y_t=\omega_0 BS_t^{(T)}$ 相同；若 $0<\delta<1$，表示一个脉冲式的突发变化在时刻 T 发生，在时刻 $T+1$ 达到水平 ω_0，然后开始衰减，衰减的速度由 δ 值决定，δ 值越小，干预的影响衰减越快；若 $\delta=0$，则干预的影响在时刻 $T+1$ 后立即消失。

干预事件的影响形式，归纳起来有四种类型：一是干预影响突然开始，长期持续下去；二是干预影响逐渐开始，长期持续下去；三是干预影响突然开始，产生短暂的影响；四是干预影响逐渐开始，产生短暂的影响，意味着干预影响逐渐增加，在某个时刻达到高峰，然后又逐渐减弱至消失。

综上，干预分析模型表示为：

$$Y_t=\frac{\omega(B)B^b}{\delta(B)}\varepsilon_t+\frac{\theta(B)}{1-B}a_t \tag{4-11}$$

由于干预输入 ε_t 在干预事件发生前取值为零，因此干预分析模型中 N_t 序列实际上就是干预事件发生前的 Y_t 序列，即 $N_t=Y_t$（$t<T$）。也就是说，干预分析模型将干预事件发生后的 Y_t 序列，视为由原先未受干预影响的 Y_t 序列和干预输出两个序列组成。

运用干预分析模型进行研究的目的，是要区分干预事件发生后的 Y_t 观察值的变化可由原先的 Y_t 序列解释的部分和应由干预影响解释的部分。首先应对干预事件发生前的 Y_t 序列（$t<T$）进行识别，得出其噪声模型的拟合形式，在此基础上对干预输出 y_t 的形式进行估计和检验；然后再对总体模型进行诊断检验。在模型的总体检验通过之后，可根据 $\omega(B)$ 和 $\delta(B)$ 的估计形式得到结论。

（2）模型变量选择

生猪干预输入变量 ε_t，包括动物疫病、人类疫病和政策因素三方面变量。其中，动物疫病选取影响最大的猪蓝耳病和非洲猪瘟疫情，人类疫病选取 SARS 疫情以及新冠肺炎疫情，政策因素选择影响最大的环保政策（表 4－14）。

表 4－14　干预变量

干预变量	变量性质	干预时间
猪蓝耳病	阶段	2006 年 4 月—2007 年 12 月
非洲猪瘟	持续	2018 年 8 月—2020 年 12 月
环保政策	阶段	2014 年 1 月—2019 年 12 月
SARS	阶段	2003 年
新冠肺炎	持续	2020 年

注：生猪生产干预分析模型采用的是猪肉产量、生猪出栏量等年度数据，在干预变量设置时，由于猪蓝耳病、非洲猪瘟的发生阶段不涵盖整个年度，因此初始年度干预变量设置为 0.5。

猪蓝耳病。2006 年 4 月高致病性猪蓝耳病在江西暴发，因疫情之初未引起重视，部分养殖场户将发病猪乱扔或者卖到市场，导致疫情扩散。母猪和仔猪是猪蓝耳病发病主要群体，从源头上加剧了生猪短缺。根据 2017 年 10 月 29 日国务院新闻办公室新闻发布会信息发布，截至 2007 年 10 月 25 日，全国共有 26 个省份 304 个县，发生了高致病性猪蓝耳病，疫点有 1 030 个，发病猪 310 134 头，死亡 81 030 头，捕杀了 235 380 头。2007 年 6 月全国高致病性猪蓝耳病达到高峰，6 月之后逐步下降。一直至 10 月，猪蓝耳病规模越来越小。高致病性猪蓝耳病防治工作取得了显著成效，全国疫情基本得到了控制。此事件符合第四种类型，即干预影响逐渐开始增加，在某个时刻达到高峰，然后又逐渐减弱至消失。根据事件发生情况设置干预变量，发生时刻 T 为 2006 年 4 月。干预分析模型可表示为：

$$Y_t = \frac{\omega_0}{1-\delta_1 B - \cdots - \delta_r B^r} P_t^T,\ r \geqslant 2$$

$$\text{其中，}P_t^{(T)} = \begin{cases} 0, & t < 2006\text{ 年 }4\text{ 月或 } t > 2007\text{ 年 }10\text{ 月} \\ 1, & 2006\text{ 年 }4\text{ 月} \leqslant t \leqslant 2007\text{ 年 }12\text{ 月} \end{cases}$$

非洲猪瘟。2018 年 8 月 3 日辽宁沈阳首次确认非洲猪瘟疫情，此后在辽宁、河南、江苏、浙江、安徽、黑龙江等省份相继出现疫情，并逐渐蔓延至全国（图 4－30）。非洲猪瘟疫情对生猪生产的影响是持续性的，因此选择阶跃函数形式，根据事件发生情况设置干预变量，发生时刻 T 为 2018 年 8 月。干预分析模型可表示为：

$$Y_t = \frac{\omega B}{1-\delta B}S_t^T，(0 < \delta < 1)$$

$$其中,S_t^{(T)} = \begin{cases} 0, & t < 2018 年 8 月 \\ 1, & t \geqslant 2018 年 8 月 \end{cases}$$

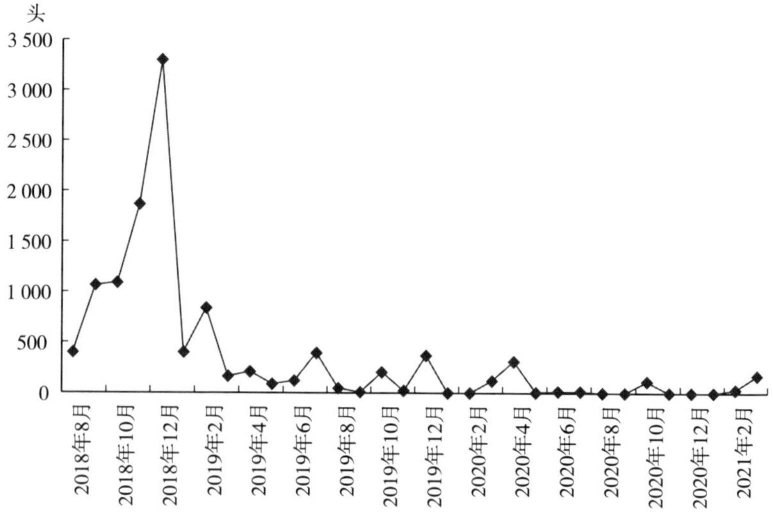

图 4－30 全国非洲猪瘟发病数

数据来源：农业农村部。

环保政策。2013 年国务院发布并于 2014 年 1 月实施《畜禽规模养殖污染防治条例》，标志着禽畜养殖业开启了环保周期。2014 年 4 月第十二届全国人大常委会修订《中华人民共和国环境保护法》，2015 年 4 月国务院发布实施《水污染防治行动计划》，2015 年 11 月农业部印发《关于促进南方水网地区生猪养殖布局调整优化的指导意见》，将环保力度提升到前所未有的高度。2016 年 12 月国务院印发《“十三五”生态环境保护规划》，对养殖业污染排放做出严格规定，显著提升了整个畜牧行业对畜禽废弃物资源化利用的重视。后期，随着 2018 年非洲猪瘟疫情的暴发，各地环保力度又逐渐放松。因此，根据事件发生情况设置干预变量，发生时刻 T 为 2014 年 1 月。干预分析模型可表示为：

$$Y_t = \frac{\omega}{1-\delta B} S_t^T, (0 < \delta < 1)$$

$$\text{其中}, S_t^{(T)} = \begin{cases} 0, & t < 2014\text{年1月或} t > 2018\text{年12月} \\ 1, & 2014\text{年1月} \leqslant t \leqslant 2018\text{年12月} \end{cases}$$

SARS 疫情。2002 年底至 2003 年 6 月为 SARS 疫情期。其中，2002 年 11 月—2003 年 3 月为初发期，疫情主要集中在广东省；2003 年 4 月为加速扩散期，疫情开始向其他省份扩散，并逐步向北京、山西、内蒙古、河北和天津集中；2003 年 5—6 月是疫情消退期。受 SARS 疫情影响，生产物资与畜禽调运受阻，养殖场户被迫做出应对，畜禽补栏量、出栏量大幅度缩减，养殖规模增速放缓，部分养殖场户出现“卖难”等问题。2003 年上半年各类畜产品消费总量锐减，其中 4 月份全国畜产品消费总额环比下降 15.8%。因此，根据 SARS 疫情对生猪产业发生的影响情况设置干预变量，发生时刻 T 为 2002 年 11 月。干预分析模型可表示为：

$$Y_t = \frac{\omega}{1-\delta B} P_t^T, (0 < \delta < 1)$$

$$\text{其中}, P_t^{(T)} = \begin{cases} 0, & t < 2003\text{年1月或} t > 2003\text{年12月} \\ 1, & 2003\text{年1月} \leqslant t \leqslant 2003\text{年12月} \end{cases}$$

新冠肺炎疫情。2019 年 12 月以来发生的新冠肺炎疫情，是新中国成立以来在中国发生的传播速度最快、感染范围最广、防控难度最大的一次重大突发公共卫生事件。新冠肺炎疫情暴发后，隔离是此次疫情的重要防控措施，生产资料和出栏生猪市场调运难度大，这使得饲料等生产资料运输和畜禽销售两个主要环节受到严重影响。此外，疫情前新开工建设的猪场建筑施工也被迫延后。作为经营主体，养殖场户无心补栏和扩产，更多的是采取压栏、低价出售，生猪生产受到影响。因此，根据事件发生情况设置干预变量，发生时刻 T 为 2019

年 12 月。干预分析模型可表示为：

$$Y_t = \frac{\omega}{1-\delta B} S_t^T \text{，}(0 < \delta < 1)$$

$$\text{其中，} S_t^{(T)} = \begin{cases} 0\text{，} & t < 2019\text{ 年 }12\text{ 月} \\ 1\text{，} & t \geqslant 2019\text{ 年 }12\text{ 月} \end{cases}$$

2. 干预分析模型估计结果

本研究分别估计了猪蓝耳病、非洲猪瘟、SARS 疫情、新冠肺炎疫情和环保政策等外部冲击因素对生猪存栏量、能繁母猪存栏量、生猪出栏量、猪肉产量以及猪肉价格的影响。由于 SARS 疫情和新冠肺炎疫情对生猪生产和生猪价格影响均不显著，在后续的估计结果汇报中不再列出。

（1）生猪存栏量干预分析模型估计结果

外部冲击对生猪存栏量的干预分析模型估计结果见表 4-15。非洲猪瘟、环保政策的估计系数分别为−3 210.32 和−1 778.47，显著为负，表明非洲猪瘟对生猪存栏量有显著的负向影响。猪蓝耳病的估计系数并不显著，表明其对生猪存栏量的影响并不显著。

表 4-15　生猪存栏量波动干预分析模型估计结果

变量	估计系数	Z 值
因变量		
生猪存栏量一阶差分		
自变量		
常数项	506.755*	1.54
非洲猪瘟	−3 210.316***	−4.31
猪蓝耳病	−1 148.044	−0.1
猪蓝耳病滞后一期	2 841.706	0.17
环保政策	−1 778.465*	−1.35
因变量滞后一期	−0.750***	−5.6
样本区间	1985—2020 年	
样本量	36	
Log likelihood	−332.254	
Wald chi2	59.810	

注：***、**、* 分别表示在 5%、10%和 15%的置信水平上显著。

（2）能繁母猪存栏量干预分析模型估计结果

外部冲击对能繁母猪存栏量的干预分析模型估计结果见表 4－16。非洲猪瘟、猪蓝耳病、环保政策的估计系数都显著。非洲猪瘟估计系数为－297.88，环保政策估计系数为－308.54，表明非洲猪瘟的发生、环保政策的实施对能繁母猪存栏量有显著的负向影响。猪蓝耳病估计系数为 －584.19，猪蓝耳病滞后一期的估计系数为 736.70，表明猪蓝耳病对能繁母猪存栏量的影响有两个层面，一是对当期能繁母猪有显著的负向影响，二是对下一期的能繁母猪有显著的正向影响。

表 4－16　能繁母猪存栏量波动干预分析模型估计结果

变量	估计系数	*Z* 值
因变量		
能繁母猪存栏量一阶差分		
自变量		
常数项	94.083***	2.02
非洲猪瘟	－297.883***	－2.33
猪蓝耳病	－584.189***	－1.98
猪蓝耳病滞后一期	736.703*	1.62
环保政策	－308.544*	－1.58
因变量滞后一期	－0.686***	－3.49
样本区间	1985—2020 年	
样本量	36	
Log likelihood	－259.698	
Wald chi2	30.510	

注：***、**、*分别表示在 5%、10%和 15%的置信水平上显著。

（3）生猪出栏量干预分析模型估计结果

外部冲击对生猪出栏量的干预分析模型估计结果见表 4－17。非洲猪瘟、猪蓝耳病、环保政策的估计系数分别为－9 233.20，－3 673.56 以及－2 444.44，且均显著，表明上述外部冲击对生猪出栏量有显著的负向影响。

表 4-17　生猪出栏量综合因素波动干预分析模型估计结果

变量	估计系数	Z 值
因变量		
生猪出栏量一阶差分		
自变量		
常数项	1 949.692***	5.93
非洲猪瘟	−9 233.199***	−10.48
猪蓝耳病	−3 673.556***	−2.02
环保政策	−2 444.436***	−3.87
因变量滞后一期	−0.651***	−4.01
因变量滞后二期	−0.393**	−1.6
样本区间	1985—2020 年	
样本量	36	
Log likelihood	−329.070	
Wald chi2	200.370	

注：***、**、* 分别表示在 5%、10%和 15%的置信水平上显著。

（4）猪肉产量干预分析模型估计结果

外部冲击对猪肉产量的干预分析模型估计结果见表 4-18。非洲猪瘟、猪蓝耳病、环保政策的估计系数分别为−718.93、−286.30 以及−187.98，且均显著，表明非洲猪瘟、生猪蓝耳病和环保政策对猪肉产量均有显著的负向影响。

表 4-18　猪肉产量波动干预分析模型估计结果

变量	估计系数	Z 值
因变量		
猪肉产量一阶差分		
自变量		
常数项	158.665***	6.95
非洲猪瘟	−718.927***	−10.53
猪蓝耳病	−286.303***	−1.96
环保政策	−187.979***	−3.93

（续）

变量	估计系数	Z 值
因变量滞后一期	−0.627***	−3.98
因变量滞后二期	−0.363**	−1.71
样本区间	1985—2020 年	
样本量	36	
Log likelihood	203.180	
Wald chi2	−237.404	

注：***、**、*分别表示在 5%、10%和 15%的置信水平上显著。

（5）猪肉价格干预分析模型估计结果

外部冲击对猪肉价格的干预分析模型估计结果见表 4-19。非洲猪瘟和猪蓝耳病的估计系数显著，分别为 0.04 以及 0.03；环保政策的估计系数不显著。上述结果表明，非洲猪瘟和猪蓝耳病对猪肉价格有显著的正向影响，但环保政策对猪肉价格的影响并不显著。

表 4-19　猪肉价格波动干预分析结果

变量	估计系数	Z 值
因变量		
猪肉价格增长率		
自变量		
常数项	0.002	0.47
非洲猪瘟	0.037***	4.2
猪蓝耳病	0.032***	2.54
环保政策	−0.005	−0.48
因变量滞后一期	0.770***	19.28
因变量滞后二期	−0.357***	−8.09
样本区间	1994 年 6 月至 2020 年 12 月	
样本量	318	
Log likelihood	592.218 9	
Wald chi2	408.73	

注：***、**、*分别表示在 5%、10%和 15%的置信水平上显著。

3. 实证结果分析和讨论

通过上述外部冲击对生猪存栏量、能繁母猪存栏量、生猪出栏量、猪肉产量以及猪肉价格的干预分析模型估计结果可以看到，非洲猪瘟、猪蓝耳病的暴发，以及环保政策的实施等外部冲击对生猪产能和价格均产生了显著影响。根据估计结果，表 4－20 计算了外部冲击对生猪生产的当期影响和长期影响，表 4－21 和表 4－22 分别计算了 2018 年以来外部冲击对猪肉产量和猪肉价格变动的贡献。

表 4－20　外部冲击对生猪生产的干预效果

单位：万吨，万头

外部冲击	猪肉产量		生猪出栏量		生猪存栏量		能繁母猪存栏量	
	当期影响	长期影响	当期影响	长期影响	当期影响	长期影响	当期影响	长期影响
非洲猪瘟	−719	−361	−9 233	−4 517	−3 210	−1 835	−298	−177
猪蓝耳病	−286	−144	−3 674	−1 797			−584	−347
猪蓝耳病滞后一期							737	437
环保政策	−188	−94	−2 444	−1 196	−1 778	−1 016	−309	−183

表 4－21　2018—2020 年外部冲击对猪肉产量波动的贡献

单位：万吨

阶段	猪肉产量变动	非洲猪瘟的影响	环保政策的影响	周期自身的影响
2017—2020	−1 339	−1 132 (84.54%)	−76 (5.66%)	−131 (9.81%)

注：－表示产量下降，括号内是各因素对产量变动的贡献份额。

表 4－22　2018—2020 年外部冲击对猪肉价格波动的影响

单位：元/千克

阶段	价格增长	非洲猪瘟的影响	周期自身的影响
2018 年 7 月—2020 年 12 月	29.23	20.76 (71.03%)	8.47 (28.97%)

注：括号内是各因素对价格变动的贡献份额。根据外部冲击对猪肉价格的干预分析模型估计结果（表 4－21），环保政策对猪肉价格的影响不显著，且估计系数非常小。因此，在此表中没列出环保政策影响。环保政策对猪肉价格影响不显著，可能的原因是在环保政策实施导致生猪生产有所下降的同时猪肉进口大幅增加，在很大程度上抵消了环保政策对猪肉价格的影响。

非洲猪瘟导致猪群发病死亡率高，严重危害生猪养殖。干预分析模型的估计结果显示，非洲猪瘟对生猪存栏量、能繁母猪存栏量、生猪出栏量、猪肉产量均产生了显著的负向影响，非洲猪瘟的发生在很大程度上减少了生猪存栏量、能繁母猪存栏量、生猪出栏量、猪肉产量，且影响程度明显高于猪蓝耳病和环保政策。非洲猪瘟使生猪存栏量、能繁母猪存栏量、生猪出栏量、猪肉产量平均年度下降 3 210 万头、298 万头、9 233 万头和 719 万吨；估计的长期影响分别为 1 835 万头、177 万头、4 571 万头和 361 万吨。2018 年以来中国猪肉产量下降 1 339 万吨，其中来自非洲猪瘟的影响占到 84.54%。由于非洲猪瘟会造成产能大幅缩减，出现供需失衡，导致价格上涨。干预分析模型的估计结果显示，非洲猪瘟对猪肉价格有显著的正向影响，即非洲猪瘟会导致猪肉价格的上涨，平均月度上涨 0.037 个百分点。

猪蓝耳病主要对母猪和仔猪产生影响。猪蓝耳病会导致当期能繁母猪存栏的数量下降，由于能繁母猪患病后极易流产或死胎，即使产下活仔猪，也多为弱仔，成活率极低（仅为 15%～25%），因此行业对能繁母猪的需求扩大，会带来下一期能繁母猪数量需求的增加，这与猪蓝耳病对能繁母猪的影响的估计系数为－584.19，以及猪蓝耳病滞后一期对能繁母猪的影响的估计系数为 736.70 所反映的状况相吻合，也与猪蓝耳病对生猪出栏的影响的估计系数－3 673.56、对猪肉产量影响的估计系数－286.30 所反映的状况相吻合。猪蓝耳病对生猪存栏的影响不显著。猪蓝耳病使当期能繁母猪存栏量、生猪出栏量、猪肉产量平均每年下降了 584 万头、3 673 万头和 286 万吨；同时当期猪蓝耳病促进下一期能繁母猪存栏增加 737 万头，因此在猪蓝耳病暴发第二年，能繁母猪存栏受到当期猪蓝耳病和上一期猪蓝耳病的共同影响，二者综合产生的影响为促进能繁母猪存栏增加 153 万头；对能繁母猪存栏量、生猪出栏量、猪肉产量的长期影响分别为增加 90 万头、下降 3 674 万头和 286 万吨。猪蓝耳病通过影响生猪的供给对猪肉价格产生正向影响，使平均月度上涨 0.032 个百分点。

环保政策自 2014 年实施，这是在生态文明框架下，国家层面对畜牧业生产迅猛发展所带来的环境承载压力增大和畜禽养殖污染问题凸显等问题的加大力度的治理和管控。政策的实施导致了相当一半部分“禁养区”“限养区”生猪养殖场户关闭退出，当然也为一部分未退出行业规模养殖场户，尤其是部分生猪养殖龙头企业扩大出栏规模并扩充生猪产能提供了发展契机，部分地区养殖场规模的扩张能够抵消散养户退出带来的产能下降的影响。根据干预分析模型的估计结果，环保政策的实施对生猪存栏量、能繁母猪存栏量、生猪出栏量、猪肉产量均产生了显著的负向影响，平均每年下降 1 778 万头、309 万头、2 444 万头、188 万吨；估计的长期影响分别为 1 016 万头、183 万头、1 196 万头和 94 万吨。环保政策对猪肉价格影响不显著，可能的主要原因是在环保政策实施导致生猪生产有所下降的同时猪肉进口大幅增加，在很大程度上抵消了环保政策对猪肉价格的影响。

总体而言，非洲猪瘟和猪蓝耳病的暴发，以及环保政策的实施等外部冲击对产能的影响是负向的，对价格的影响是正向的。从各冲击因素的作用程度来看，动物疫病冲击的影响大于政策冲击的影响，动物疫病中非洲猪瘟产生的影响大于猪蓝耳病产生的影响。

四、生猪生产波动总体研判及展望

1949—1984 年，中国生猪生产波动周期长度为 7.2 年；1985—2020 年生猪生产波动周期为 4.0 年；1994—2020 年中国猪肉价格波动周期为 3.81 年。非洲猪瘟、猪蓝耳病等重大动物疫病疫情以及环保政策变动等外部冲击对生猪生产具有显著的负向影响，对价格具有显著的正向影响。动物疫病是影响生猪产能稳定和产业发展的最大不确定因素和最大障碍因素。非洲猪瘟疫情暴发以来至 2020 年，中国猪肉产量下降 1 339 万吨，其中来自非洲猪瘟冲击的影响占 84.54%，来自环保政策冲击的影响占 5.66%，来自猪肉产量周期变动自身的影响占 9.81%；猪肉价格上涨 29.23 元/千克，其中来自非洲猪瘟冲击的影响占 71.03%，来自猪肉价格周期变动自身的影响占 28.97%。

未来减少动物疫病等外部冲击，是保障生猪产业稳定发展和猪肉有效供给的重要着力点。一是要进一步优化动物疫病防控措施，促进动物疫病科学防治。目前国内非洲猪瘟疫情虽然已基本得到控制，但动物疫病仍是影响生猪产能稳定和产业发展的最大障碍因素。要强化重大动物疫情报告制度，在原有“从下到上”报告的基础上，增加“从上到下”的抽查检查机制，并加大监督和处罚力度。启动生物安全示范场户和无疫小区建设，引导养殖防疫由只靠疫苗向疫苗与生物安全措施并重转变。二是要健全完善生猪生产和市场监测预警体系，对症下药实行科学稳健的逆周期调控。监测预警首先要科学界定产能指标，加快构建“现有养殖栏舍规模＋能繁母猪数量＋生产效率指标”三位一体的综合性产能监测预警指标体系。通过进一步加强生猪生产和价格监测统计和信息预警，科学预测未来生猪供需和市场价格变化趋势，提前制定生猪价格暴涨暴跌的应对措施，适时启动调控预案。基于生猪供需和市场价格波动的周期性规律，借鉴国内外应对生猪大幅波动的经验，对生猪大幅波动实行反周期的逆向调控政策，以实现生猪供给有保障，市场价格稳定运行。三是要加快产业转型升级，提高养殖端应对市场波动的能力。进一步推动实施生猪标准化规模养殖建设项目，充分发挥龙头企业的带动作用，加强生猪养殖产业园区建设，加大养殖标准化、绿色化、智能化示范力度，推动生猪产业转型升级。加大科技推广力度，帮助广大生猪养殖场户解决生产中的技术难题，提高饲料利用率和转化率。

第五章 生猪生产成本变动及因素分解

2006年以来中国生猪生产成本快速上升，且自2007年开始超过主要欧美国家。中国与欧美国家生产成本优势反转，是国内外猪肉价格倒挂且价差扩大的主要原因。国内生猪生产成本增长以及国外生猪生产成本下降，导致了中国生猪生产成本从低于欧美发达国家演变为高于欧美发达国家。本研究在分析中国生猪生产成本变动趋势特征的基础上，通过成本要素分解，研制中国生猪生产成本增长以及中美生猪生产成本差距变动的影响因素。

一、中国生猪生产成本变动趋势及国际比较

（一）中国生猪生产成本的变动趋势及主要特征

生猪生产是一个投入产出的经济过程，需要各种生产要素的投入，其所耗费生产要素的价值构成生猪生产成本。生猪生产总成本是指养殖过程中耗费的饲料、仔猪、人工以及其他生产要素的成本的总和。在本研究中，生猪生产总成本＝饲料成本＋仔畜成本＋人工成本＋其他成本，其中，饲料成本＝精饲料费＋粗饲料费＋饲料加工费。

1. 生产总成本变动

（1）每头生猪生产总成本变动

根据《全国农产品成本收益资料汇编》统计数据，2000—2020

年规模养殖场户生猪生产成本呈现明显的波动上升趋势，尤其是近年来成本增长最为明显（图 5-1）。2000—2006 年，生猪生产总成本上升比较平缓，年均增长 4.70%；2006—2018 年成本上升较快，年均增长 6.69%；2018—2020 年成本涨幅明显，2020 年比 2018 年每头生猪生产总成本增加 1 114.52 元，年均增长 30.51%。从不同规模养殖场户来看，2000 年规模养殖场户总体上每头生猪生产总成本 553.36 元，2020 年达到 2 699.42 元，增加了 3.88 倍；小规模 2000 年每头生猪生产总成本 525.37 元，2020 年达到 2 781.48 元，增加了 4.29 倍；中规模 2000 年生猪生产总成本 548.60 元，2020 年达到 2 781.48 元，增加了 4.07 倍；大规模 2000 年每头生猪生产总成本 568.12 元，2020 年则达到 2 591.03 元，增加了 3.56 倍。2000—2020 年三种不同养殖规模的生猪生产总成本比较分析结果显示，小规模养殖场户的生产总成本最高，中规模次之，大规模最低。

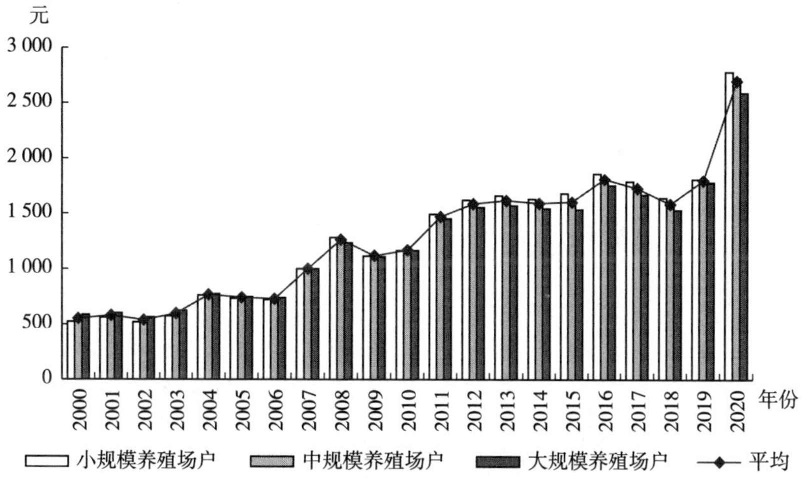

图 5-1　2000—2020 年中国每头生猪生产总成本

数据来源：《全国农产品成本收益资料汇编》（历年）。

（2）每千克猪肉生产总成本变动

由于不同规模养殖场户的生猪出栏体重存在差异，无法准确反映单位体重投入成本的差异，本研究进一步选取每千克猪肉生产总成本指标进一步分析。2000—2020年，除少数年份外，规模养殖场户的生猪生产总成本大都呈现不同程度的上升，尤其2019年以来生产成本出现较大幅度增长（图5－2）。规模养殖场户生猪生产总成本由2000年的5.60元/千克增长至2020年的19.55元/千克，20年期间增长约2.5倍。其中，小规模2000年生猪生产总成本5.17元/千克，2020年达到19.55元/千克，增加了2.78倍；中规模2000年猪肉生产总成本5.51元/千克，2020年达到21.12元/千克，增加了2.83倍；大规模2000年生猪生产总成本6.12元/千克，2020年达到20.45元/千克，增加了2.34倍。总体来看，小规模生产成本低于大、中规模，且成本差距逐渐拉大，2000年小规模养殖场户生猪每千克猪肉生产总成本分别低于中、大规模养殖场户0.34元、0.95元，2020年该差距则扩大至1.57元、0.90元。大、中规模之间成本差距不大，每千克猪肉生产成本差距在±0.7元以内。其中，2013年及之前年份，大规模养殖场户每千克成本高于中规模，随着养殖技术的提升及规模效益的显现，2014年之后大规模养殖场户养殖成本低于中规模。

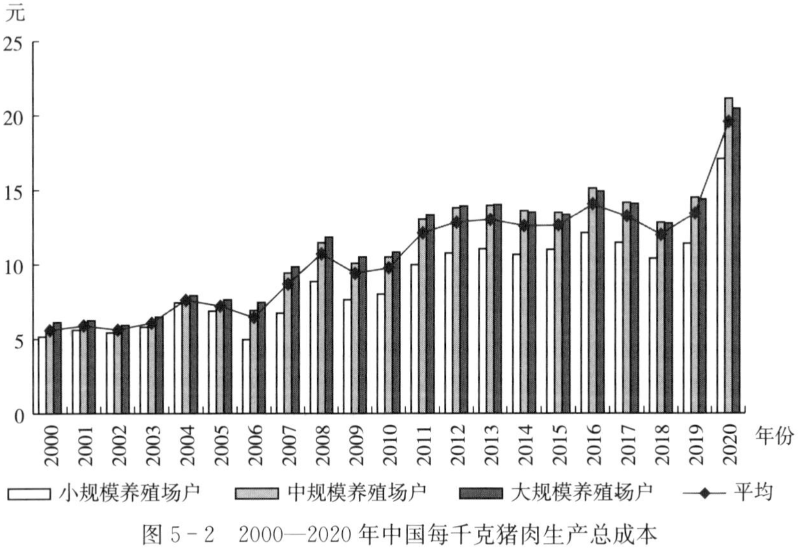

图5－2　2000—2020年中国每千克猪肉生产总成本

数据来源：《全国农产品成本收益资料汇编》（历年）。

2. 主要生产成本项目变动

对生产成本及其构成进行分解分析，可以把握生猪生产总成本变动及不同规模之间生产总成本存在差异的原因。本研究重点对生猪生产的主要物质投入和人工投入价值量进行分析，成本项目均按千克重量生猪生产所需费用计算。

饲料成本变动。饲料成本是生猪生产总成本中最重要的组成部分，常规年份饲料成本占生猪生产总成本的比例在50%以上。2000—2013年，规模养殖场户饲料成本总体平稳增长，每千克猪肉饲料成本从3.23元增长至7.48元，增长了1.32倍；2013—2019年饲料成本总体小幅下降；2020年饲料成本又出现明显回涨（图5-3）。从不同规模来看，小规模养殖场户饲料成本显著低于中、大规模。小规模养殖场户生猪生产每千克饲料成本，2000年为2.86元，2013年增至6.29元，较2000年增长119.93%；2020年饲料成本较2013年小幅下降至6.20元。大规模养殖场户饲料成本高于小规模，低于中规模。大规模养殖场户生猪生产每千克饲料成本，2000年为3.50元，占总成本的57.16%；之后年份饲料成本不断攀升，最高点为2013年7.99元；2020年饲料成本为7.86元，较2013年有小幅下

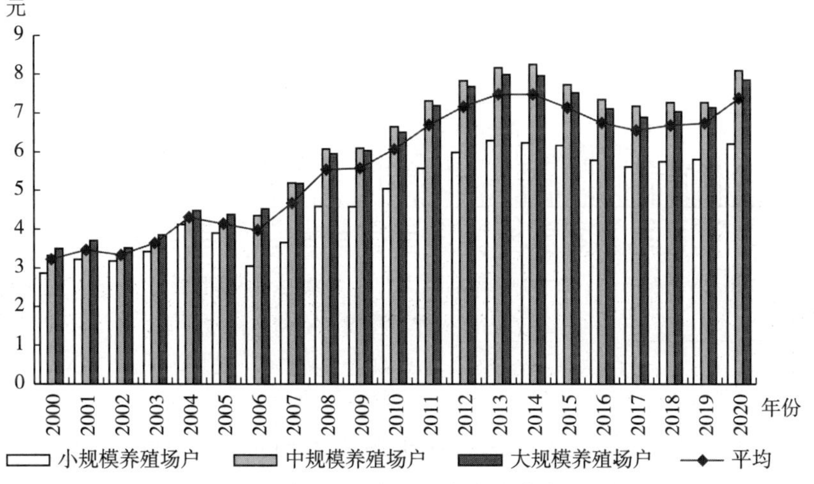

图5-3　2000—2020年中国每千克猪肉饲料成本

数据来源：《全国农产品成本收益资料汇编》（历年）。

降。中规模每千克猪肉饲料成本最高。2000—2020年，每千克猪肉饲料成本由3.32元增长至8.10元，增长了1.44倍；2000—2019年饲料成本占生猪生产总成本的60%降至50%左右，而2020年受仔猪成本大幅上涨影响，饲料成本占比降至38.3%。

仔猪成本变动。2000—2020年规模养殖场户每千克猪肉生产总成本中仔猪成本呈现波动增加趋势，2000年每千克猪肉生产的仔猪成本在1.5元左右，2020年达到10.11元（图5-4）。2008年、2012年、2016年和2020年分别出现阶段性小高峰，尤其是2020年增长幅度最大，为2019年的1.17倍。仔猪成本出现周期性波动的原因与猪蓝耳病、非洲猪瘟等动物疫病造成的能繁母猪存栏下降有关。从不同规模来看，2000—2020年大、中、小规模养殖场户的仔猪费用变化趋势基本一致；小规模仔猪成本相对较低，其次是中规模，最高的是大规模，大、中、小规模仔猪成本分别为2.70元、3.53元、3.86元。

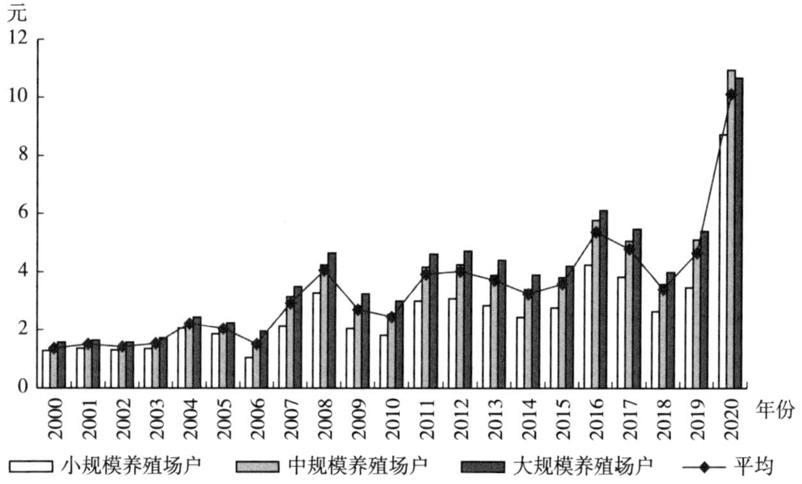

图5-4　2000—2020年中国每千克猪肉仔猪成本

数据来源：《全国农产品成本收益资料汇编》（历年）。

人工成本变动。2000—2020年规模养殖场户生猪生产总成本中用工成本逐年攀升，每千克猪肉人工成本由0.36元增长至1.32元，增长了2.67倍（图5-5）。尤其2009—2014年是人工成本增长最为迅速的 5 年，年均增幅达到 16.15%。2015 年以来，人工成本相对稳定，这可能与养殖场自动化水平提升有较大关联。从不同规模养殖场户来看，规模越大，人工成本投入越低。小规模养殖场户人工成本高于大、中规模，且绝对增长量最高。2000—2020 年小规模养殖场户每千克猪肉人工成本从 0.49 元增长至 1.67 元，年均增长 6.29%；中规模由 0.34 元增长至 1.37 元，年均增长 7.18%；大规模由 0.26 元增长至 0.92 元，年均增长 6.60%。

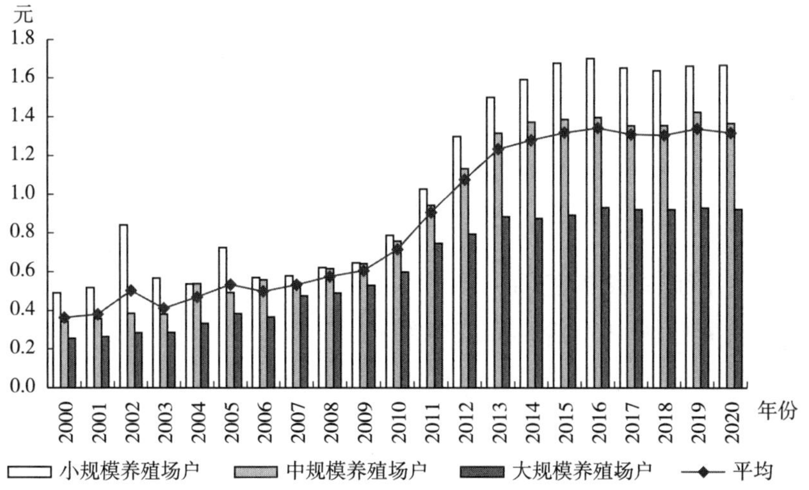

图 5-5 2000—2020 年中国每千克猪肉人工成本

数据来源：《全国农产品成本收益资料汇编》（历年）。

其他成本变动。2000—2020 年规模养殖场户生猪养殖的其他成本保持相对稳定，每千克猪肉生产总成本中其他成本控制在 0.5～0.6 元（图 5-6）。2018 年以来由于受非洲猪瘟的影响，防疫费用显著增加，从而使得生猪生产中其他成本随之增长。不同规模养殖场户之间人工成本所呈现出来的特征是，规模越大，其他成本越高。2000—2020 年大规模养殖场户每千克猪肉其他成本为 0.73 元，而中规模和小规模分别为 0.54 元和 0.40 元。出现这一状况的原因可能是随着养殖场规模的扩大，防疫成本、土地成本、固定资产投入和管理成本等会随之提升。

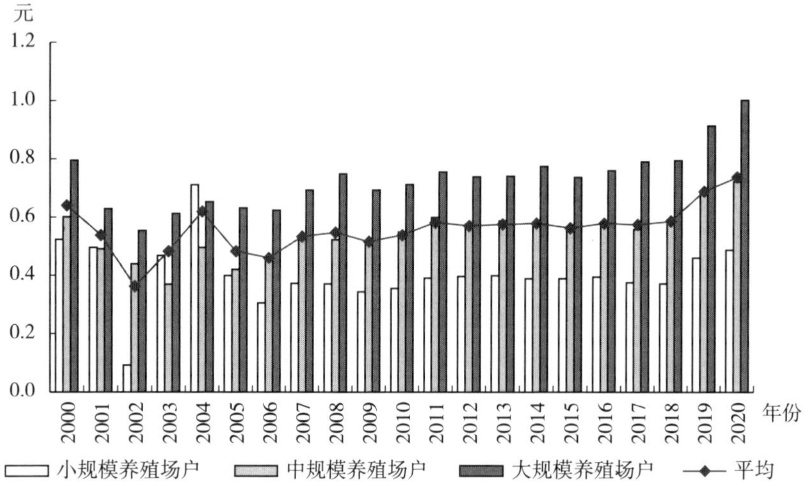

图 5-6　2000—2020 年中国每千克猪肉其他成本

数据来源：《全国农产品成本收益资料汇编》（历年）。

3. 生产成本结构变动

规模养殖场户生猪生产成本结构。2000—2020 年规模养殖场户生猪生产总成本中饲料费用比重最高，其次是仔猪费用和人工费用（图 5-7）。饲料费用基本稳定在 50%～60%，但可以看出有下降趋

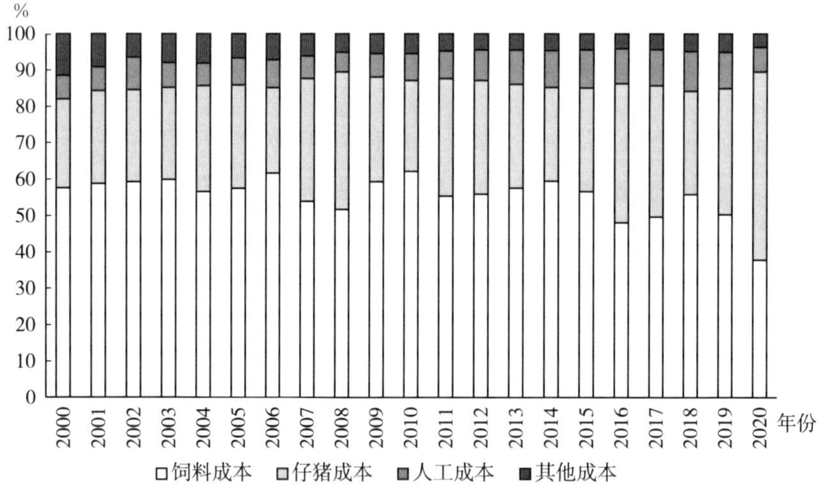

图 5-7　2000—2020 年中国规模化生猪养殖分项成本比重

势。饲料费用平均比重为 55.44%，比重最高达到 62.11%（2010 年），最低为 37.77%（2020 年）。仔猪费用比重波动较大，总体保持上升趋势，平均比重为 30.63%。因受非洲猪瘟及新冠疫情影响，2020 年仔猪成本占比升至最高，占到生猪生产总成本的一半。人工费用比重维持在 5%～10%，有小幅波动，平均比重为 8.01%，最高为 10.90%（2018 年），最低为 5.37%（2008 年）。

小规模养殖场户生猪养殖分项成本比重。2000—2020 年小规模生猪养殖的饲料费用比重最高，其次是仔猪费用和人工费用，其他成本所占比例不断压缩（图 5-8）。其中，饲料费用基本稳定在 50%～60%，平均比重为 55.00%，比重最高达到 63.04%（2010 年），最低为 37.77%（2020 年）。仔猪费用比重存在明显的波动，平均比重 28.52%，比重最低时仅占比 21.04%（2006 年）。2020 年因受非洲猪瘟及新冠疫情影响仔猪成本占比升至最高，占到生猪生产总成本的 51.08%。人工费用比重有小幅波动增长，平均比重为 11.52%，最高为 15.76%（2018 年），最低为 7.01%（2008 年）。

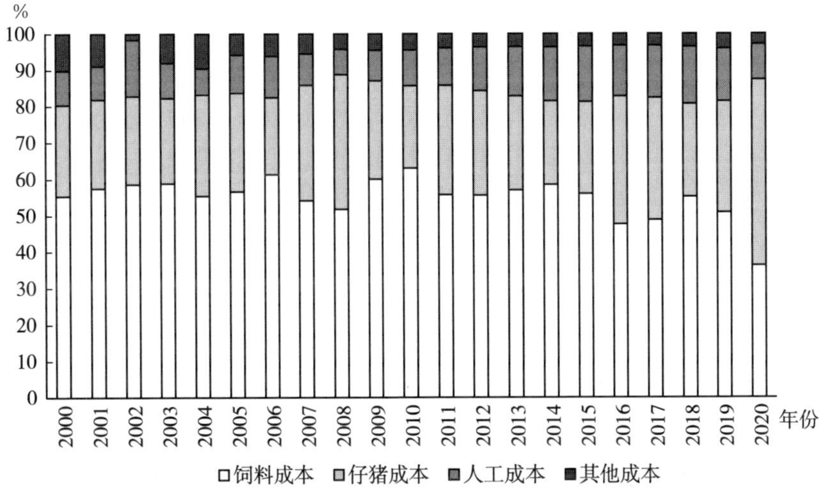

图 5-8　2000—2020 年中国小规模养殖场户生猪养殖分项成本比重

中规模养殖场户生猪养殖分项成本比重。与小规模生猪养殖表现一致，2000—2020 年中规模生猪养殖的饲料费用比重最高，其次是仔猪费用和人工费用，其他成本所占比例不断压缩（图 5-9）。其中饲料费用总体呈小幅波动下降，平均比重为 56.48%，比重最高达到 63.37%（2010 年），最低为 38.33%（2020 年）。仔猪费用比重在 20%以上，波动较为明显，平均比重 30.24%，比重最低时仅为 22.38%（2006 年），比重最高时为 51.79%（2020 年）。人工费用比重先增后降趋势明显，2000 年比重为 6.20%，最高时达到 10.59%（2018 年），2020 年该比重又降至 6.47%。

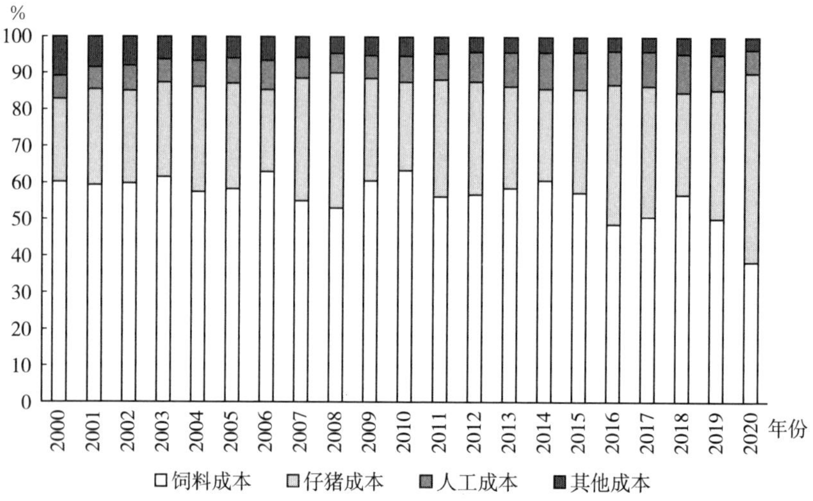

图 5-9　2000—2020 年中国中规模养殖场户生猪养殖分项成本比重

大规模养殖场户生猪养殖分项成本比重。2000—2020 年大规模养殖场户生猪养殖的饲料费用比重最高，其次是仔猪费用和其他成本，人工成本占比最小（图 5-10）。其中，饲料费用占比总体保持相对稳定，平均比重为 54.85%，低于中、小规模养殖场户平均饲料成本占比。饲料比重最高达到 60.19%（2010 年），最低为 38.42%（2020 年）。仔猪费用比重长期在 25%～40%范围波动，平均比重 32.67%。但受市场波动影响，2016 年、2020 年仔猪费用比重高于 40%。大规模养殖场户人工费用比重相对较低，平均占比为 5.39%，但有小幅增长趋势。比重最低时为 4.13%（2008 年），比重最高时为 7.23%（2018 年），与中小规模养殖场户表现较为一致。

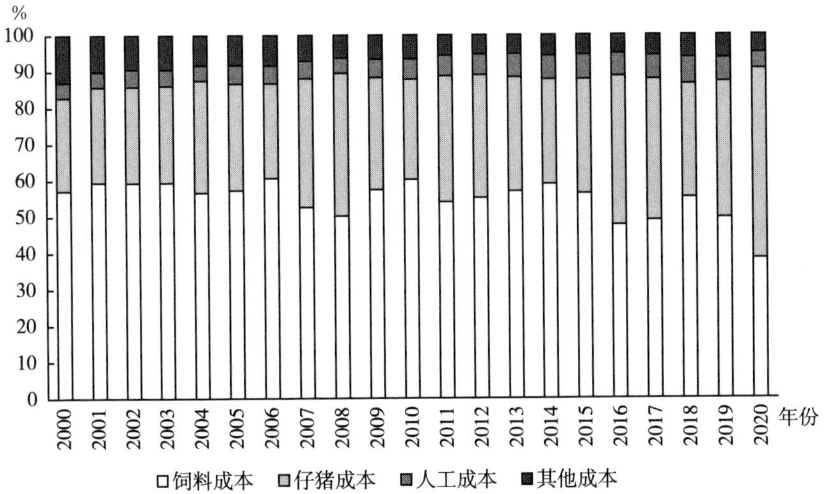

图 5-10　2000—2020 年中国大规模养殖场户生猪养殖分项成本比重

(二) 中国生猪生产成本的国际比较

1. 生产总成本差异

生猪生产成本是决定中国生猪生产国际竞争力的关键因素。根据美国农业部（USDA）统计数据及国内《全国农产品成本收益资料汇编》统计数据，本研究将生猪生产成本分为饲料成本、仔猪成本、人工成本、其他成本四部分进行中美两国生猪生产成本的比较分析，并考虑汇率因素，以人民币作为基准单位，以做出直接比较。受益于较为稳定的产业化和标准化的生产模式，2000—2020 年美国生猪生产成本相对稳定，维持在 8～10 元/千克，平均成本为 9.24 元/千克。同期，中国生猪生产成本呈现出逐年上升的趋势，在 2007 年之后，超过美国生猪生产成本，且差距逐步拉大，年均增长 6.45%（图 5-11）。

2. 饲料成本差异

2000—2020 年美国和中国每千克猪肉饲料成本分别为 3.71 元和 5.62 元，两者存在 1.91 元差距，中国还有较大的降低成本空间。从饲料成本变动趋势看，2000—2020 年中美两国饲料成本均有不同程

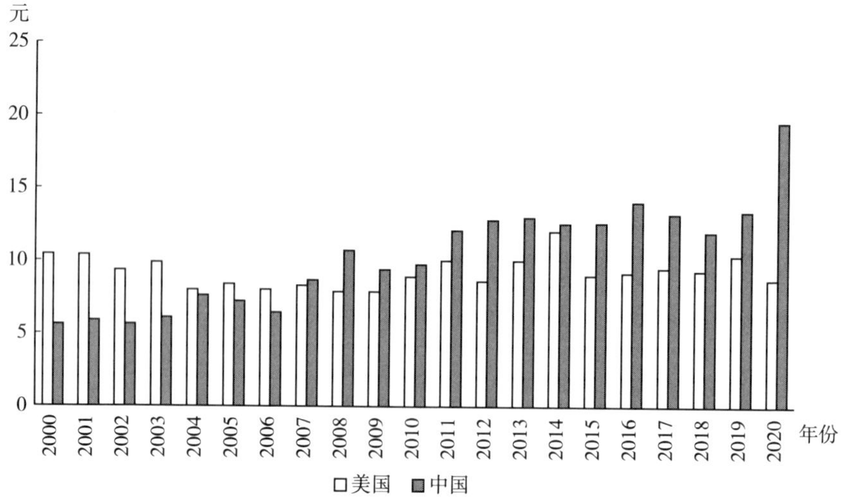

图 5-11 中美两国每千克猪肉生产总成本

度增长，但美国饲料成本增长幅度明显小于中国，两国饲料成本年均增长率分别为 1.65%和 4.22%。其中，2000 年美国每千克猪肉饲料成本为 2.92 元，同期中国饲料成本为 3.23 元，两者差距不大。在 2004 年之后，中美两国在生猪生产中的饲料成本差距逐渐拉大。到了 2020 年，美国每千克猪肉饲料成本为 4.04 元，中国则达到 7.38 元，两者相差 3.34 元。美国每千克猪肉饲料成本最高点为 2013 年 4.97 元，中国饲料成本同样在 2013 年达到最高，为 7.48 元（图 5-12）。

3. 仔猪成本差异

2000—2020 年，中国生猪生产中仔猪成本同样与美国存在差距。以均值计算，美国每千克猪肉仔猪成本平均为 9.25 元，中国为 10.40 元，两者相差 1.15 元。从趋势上看，中美两国仔猪成本均存在明显的波动特征，但美国仔猪成本波动较小且较 2000 年有小幅下降，中国仔猪成本则波动上升。由此造成，2007 年以前中国生猪生产中仔猪成本均低于美国，但 2007 年以后大部分年份均高于美国。2000 年中国和美国每千克猪肉仔猪成本分别为 5.60 元和 10.44 元，到 2020 年两国该成本分别为 19.55 元和 8.74 元，分别增长 13.95 元和下降 1.70 元（图 5－13）。

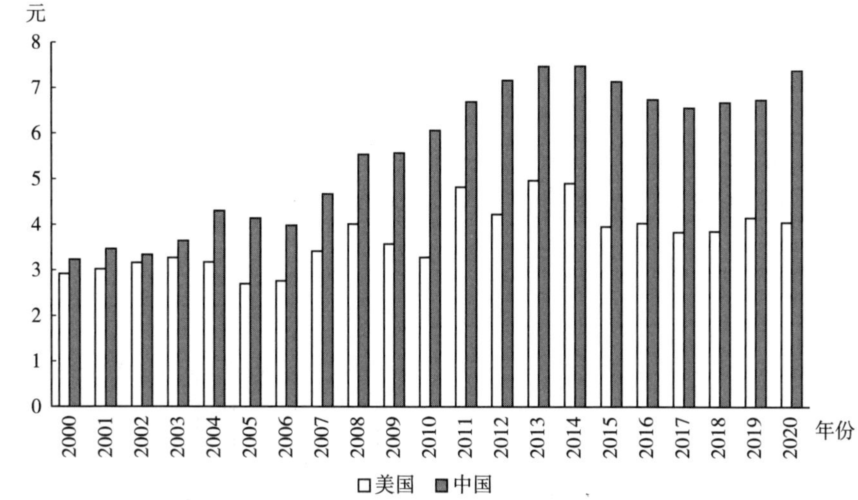

图 5－12　中美两国每千克猪肉饲料成本

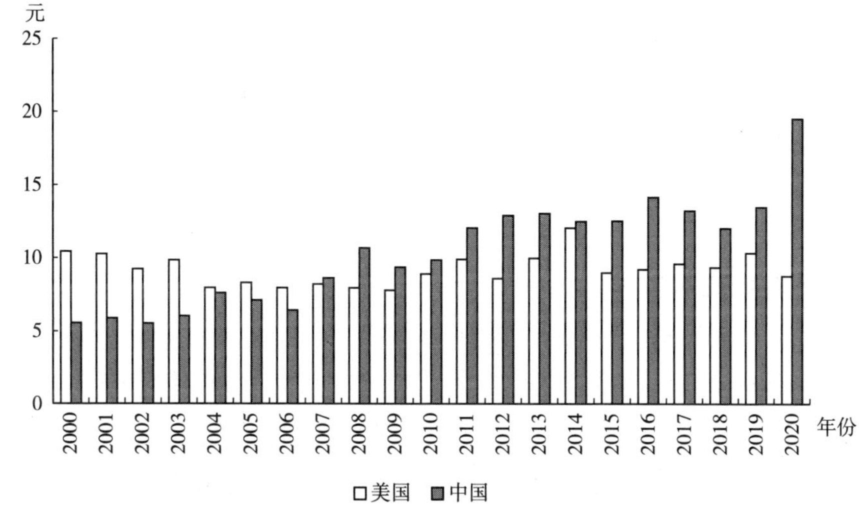

图 5－13　中美两国每千克猪肉仔猪成本

4. 人工成本差异

中美两国生猪生产中人工成本差异较大，其中 2000—2020 年中国每千克猪肉人工成本均值为 0.86 元，美国为 0.37 元，中国高出美国 0.49 元。从变动趋势上看，中美两国呈现出不同的变动方向，美国人工成本总体小幅下降，每千克猪肉人工成本从 2000 年 0.52 元降至 2020 年 0.35 元。中国人工成本则呈现出大幅度上升后逐渐趋于平稳的态势。2000 年中国每千克猪肉人工成本为 0.36 元，低于美国同期，2004 年开始超过美国，到 2020 年该成本达到 1.32 元，高于同期美国人工成本 2.77 倍（图 5－14），反映出美国大规模高度机械化自动化的养殖模式对于降低人工成本具有显著优势。

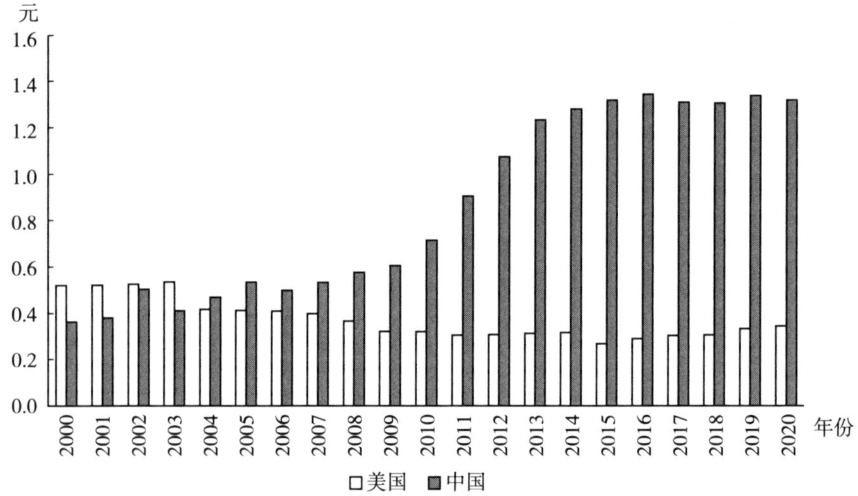

图 5－14　中美两国每千克猪肉人工成本

5. 其他成本差异

中美两国生猪生产模式、经营规模、生产技术和产业环境等方面存在显著差异，致使中美生猪成本构成也有较大差异。除饲料、仔猪和人工三大成本外，中国生猪生产的其他成本低于美国。2000—2020 年，中国每千克猪肉其他成本为 0.56 元，美国则为 1.67 元。从趋势上看，中国生猪生产的其他成本相对稳定，每千克猪肉其他成本维持在 0.5～0.6 元，近两年有增长趋势。美国生猪生产的其他成本变动则较为频繁，2000—2020 年呈现出先降后升的趋势，每千克猪肉其他成本最高点为 2019 年 2.13 元，最低点为 2012 年和 2013 年的 1.28 元（图 5－15）。

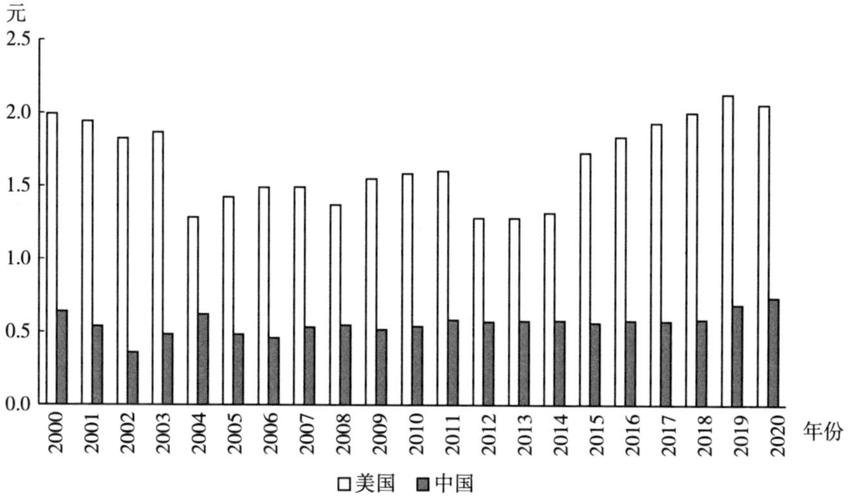

图 5－15　中美两国每千克猪肉其他成本

二、中国生猪生产成本变动因素分解及国际比较

（一）分解方法

1. 生猪生产成本变动的动因分解

生猪生产成本包括饲料、仔猪、人工和其他投入等分项成本。其中，其他成本主要包括固定资产折旧费、医疗卫生费、水电气费、燃料动力费、饲料加工费和期间费等。饲料、仔猪成本为中国生猪生产成本的主要组成部分。

生猪生产总成本等于各项成本之和，生猪生产总成本的增长率为 t 时期相对于 $t+n$ 期的总成本增长额与 t 期成本额之间的比，即：

$$\frac{C_{t+n}-C_t}{C_t}=\frac{\Delta C_t}{C_t}=\frac{\Delta C_{1t}+\Delta C_{2t}+\cdots+\Delta C_{mt}}{C_t}$$

$$=\frac{\Delta C_{1t}}{C_t}+\cdots+\frac{\Delta C_{mt}}{C_t}$$

$$=\frac{C_{1t}}{C_t}\cdot\frac{\Delta C_{1t}}{C_{1t}}+\cdots+\frac{C_{mt}}{C_t}\cdot\frac{\Delta C_{mt}}{C_{mt}}$$

$$=\lambda_{1t}\cdot\frac{\Delta C_{1t}}{C_{1t}}+\cdots+\lambda_{zt}\cdot\frac{\Delta C_{mt}}{C_{mt}} \quad (5-1)$$

可以得到：

$$\frac{\mathrm{d}C_t/\mathrm{d}_t}{C_t}=\lambda_{1t}\cdot\frac{\mathrm{d}C_{1t}/\mathrm{d}_t}{C_{1t}}+\cdots+\lambda_{mt}\cdot\frac{\mathrm{d}C_{mt}/\mathrm{d}_t}{C_{mt}} \quad (5-2)$$

即：

$$\dot{C}_t=\lambda_{1t}\cdot\dot{C}_{1t}+\cdots+\lambda_{mt}\cdot\dot{C}_{mt} \quad (5-3)$$

式中，C_t表示t期总成本；C_{mt}表示t期某类分项成本；$i=1$，2，…，m表示成本细分项目；$t=1$，2，…，n表示年份；$\dot{C}_t=\frac{\mathrm{d}C_{it}/\mathrm{d}_t}{C_t}$，代表第$i$项成本的增长率；$\lambda_{it}=\frac{C_{it}}{C_t}$，代表第$i$项成本占总成本的比重。第$i$项成本增长对总成本增长的贡献份额为$S_i=\lambda_{it}\cdot\frac{\dot{C}_{it}}{\dot{C}_t}$。

对每一分项成本而言，其成本等于要素投入数量与要素价格的乘积。由于$C_{it}=q_{it}\cdot p_{it}$，则：

$$\frac{\mathrm{d}C_{it}/\mathrm{d}_t}{C_{it}}=\frac{\mathrm{d}q_{it}/\mathrm{d}_t}{q_{it}}+\frac{\mathrm{d}p_{it}/\mathrm{d}_t}{p_{it}} \quad (5-4)$$

即

$$\dot{C}_t=\dot{q}_{it}+\dot{p}_{it} \quad (5-5)$$

式中，$\dot{q}_{it}=\frac{\mathrm{d}q_{it}/\mathrm{d}_t}{q_{it}}$，代表第$i$项投入要素数量的增长率；$\dot{p}_{it}=\frac{\mathrm{d}p_{it}/\mathrm{d}_t}{p_{it}}$，代表第$i$项投入要素价格的增长率。

第i项投入要素数量增长对总成本增长的贡献份额为$S_{qi}=\lambda_{it}\cdot\frac{\dot{q}_{it}}{\dot{C}_{it}}$；第$i$项投入要素价格增长对总成本增长的贡献份额为$S_{pi}=\lambda_{it}\cdot\frac{\dot{p}_{it}}{\dot{C}_{it}}$。

2. 生猪生产成本国际差距变动的动因分解

中国和美国之间进行生猪生产成本比较时需要考虑汇率因素。中美之间成本差距变动的因素可以分解为：

$$G_t=C_{中t}-\eta_t\cdot C_{美t} \quad (5-6)$$

其中，η_t为人民币兑美元汇率，G_t为中美之间成本差距。

$$\begin{aligned}\Delta G_t &= G_{t+n} - G_t \\ &= (C_{中t+n} - \eta_{t+n} \cdot C_{美t+n}) - (C_{中t} - \eta_t \cdot C_{美t}) \\ &= (C_{中t+n} - C_{中t}) - (\eta_t + \Delta\eta_t) \cdot (C_{美t} + \Delta C_{美t}) + \eta_t \cdot C_{美t} \\ &= \Delta C_{中t} - \eta_t \cdot \Delta C_{美t} - \Delta\eta_t \cdot C_{美t} - \Delta\eta_t \cdot \Delta C_{美t} \qquad (5-7)\end{aligned}$$

由此可知，中美生猪生产成本差距的变动由 $\Delta C_{中t}$、$\eta_t \cdot \Delta C_{美t}$、$\Delta\eta_t \cdot C_{美t}$以及$\Delta\eta_t \cdot \Delta C_{美t}$四部分构成。其中，$\Delta C_{中t}$表示中国生产成本变动产生的效应；$\eta_t \cdot \Delta C_{美t}$表示美国生产成本变动产生的效应；$\Delta\eta_t \cdot C_{美t}$表示汇率变动产生的效应；$\Delta\eta_t \cdot \Delta C_{美t}$表示汇率变动和美国生产成本变动产生的交叉效应。

从分项成本看，总成本差距的变动是由分项成本差距的变动构成的，即：

$$\Delta G_t = \sum_{i=1}^{m} \Delta G_{it} = \sum_{i=1}^{m} (\Delta C_{i中t} - \eta_t \cdot \Delta C_{i美t} - \Delta\eta_t \cdot C_{i美t} - \Delta\eta_t \cdot \Delta C_{i美t}) \qquad (5-8)$$

（二）中国生猪生产成本变动的动因分解

1. 中国生猪生产成本变动的动因分解：要素投入成本

根据式（5－3）可计算出生猪生产各分项成本增长对总成本增长的贡献率（图5－16至图5－19）。总体来看，人工成本增长与仔猪成本增长对总成本增长的贡献较大。

（1）饲料成本增长对总成本增长的贡献率呈下降趋势

规模养殖场户总体生猪生产成本数据显示，2000—2020年饲料成本增长对总成本增长的贡献率为23.73%。规模养殖场户饲料成本由2000年的3.23元/千克上升至2020年的7.38元/千克，年均增长4.22%。其增长总体逐渐放缓，2000—2005年、2005—2010年、2010—2015年和2015—2020年年均增长率分别为5.11%、7.95%、3.30%和0.68%。饲料成本增长对总成本增长的贡献与其增长趋势保持一致，2000—2005年、2005—2010年、2010—2015年和2015—2020年贡献率分别为31.85%、40.24%、13.12%和2.77%。

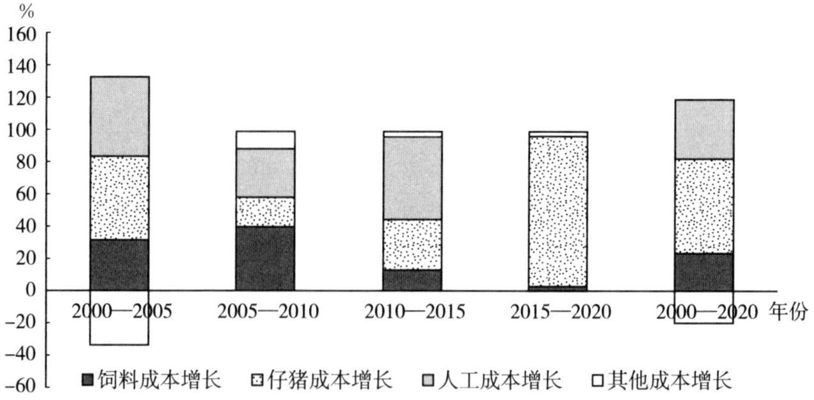

图 5-16　中国规模生猪生产分项成本增长对总成本增长的贡献

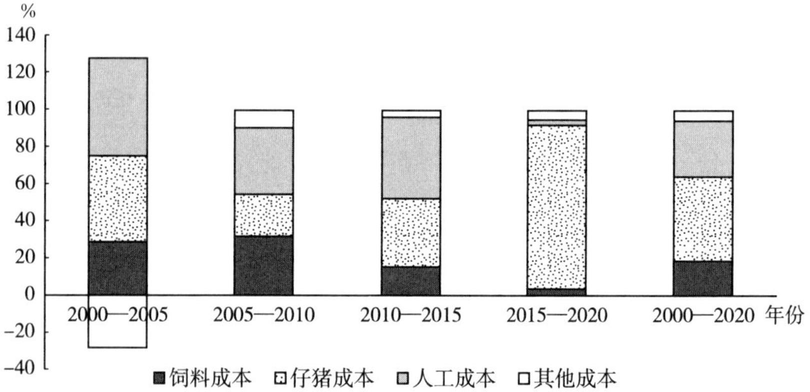

图 5-17　中国大规模养殖场户生猪生产分项成本增长对总成本增长的贡献

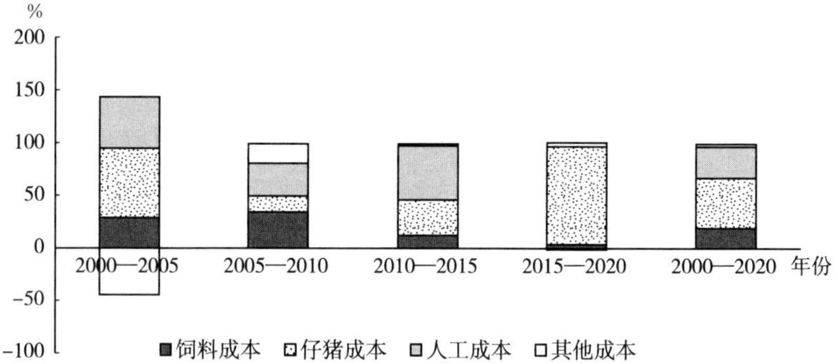

图 5-18　中国中规模养殖场户生猪生产分项成本增长对总成本增长的贡献

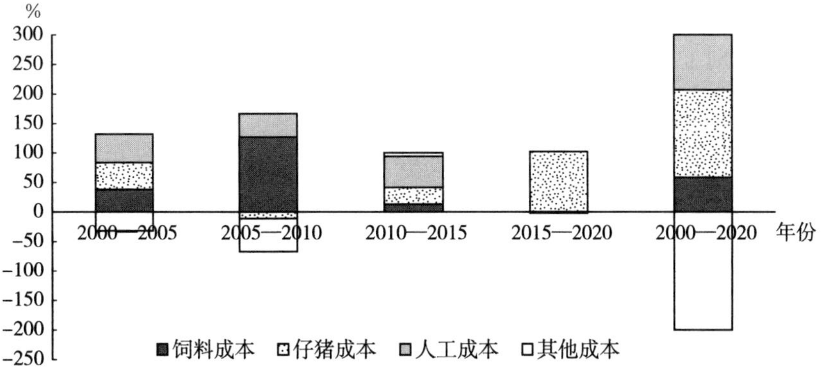

图 5-19　中国小规模养殖场户生猪生产分项成本增长对总成本增长的贡献

大规模养殖场户生猪生产成本数据显示，2000—2020 年饲料成本增长对总成本增长的贡献率为 18.76%。生猪饲料成本由 2000 年的 3.50 元/千克上升至 2020 年的 7.86 元/千克，年均增长 4.12%。2000—2005 年、2005—2010 年、2010—2015 年和 2015—2020 年年均增长率分别为 4.57%、8.26%、2.94%和 0.87%，对总成本增长的贡献率分别为 28.85%、31.89%、15.52%和 3.74%。

中规模养殖场户生猪生产成本数据显示，2000—2020 年饲料成本增长对总成本增长的贡献率为 19.14%。生猪饲料成本由 2000 年的 3.32 元/千克增长至 2020 年的 8.10 元/千克，年均增长 4.56%。2000—2005 年、2005—2010 年、2010—2015 年和 2015—2020 年年均增长率分别为 4.53%、9.93%、3.07%和 0.92%，对总成本增长的贡献率分别为 29.15%、34.48%、12.34%和 3.68%。

小规模养殖场户生猪生产成本数据显示，2000—2020 年饲料成本增长对总成本增长的贡献率为 58.34%。生猪饲料成本由 2000 年的 2.86 元/千克增长至 2020 年的 6.20 元/千克，年均增长 3.94%。2000—2005 年、2005—2010 年、2010—2015 年和 2015—2020 年年均增长率分别为 6.39%、5.29%、4.07%、0.12%，对总成本增长的贡献分别为 38.10%、126.66%、13.12%和 0.47%。

（2）仔猪成本增长对总成本增长的贡献较大且呈先减后增趋势

规模养殖场户总体生猪生产成本数据显示，2000—2020年仔猪成本增长对总成本增长的贡献率为59.01%。规模养殖场户仔猪成本由2000年的1.37元/千克上升至2020年的10.11元/千克，年均增长10.51%。2000—2005年、2005—2010年、2010—2015年和2015—2020年增长率分别为8.38%、3.62%、7.95%和23.00%。仔猪成本增长对总成本增长的贡献与其增长趋势保持一致，2000—2005年、2005—2010年、2010—2015年和2015—2020年贡献率分别为52.29%、18.34%、31.60%和94.36%。

大规模养殖场户生猪生产成本数据显示，2000—2020年仔猪成本增长对总成本增长的贡献率为45.71%。仔猪成本由2000年的1.57元/千克上升至2020年的10.67元/千克，年均增长10.05%。2000—2005年、2005—2010年、2010—2015年和2015—2020年增长率分别为7.39%、5.94%、6.99%和20.50%。仔猪成本增长对总成本增长的贡献与其增长趋势保持一致，2000—2005年、2005—2010年、2010—2015年和2015—2020年其贡献率分别为46.65%、22.92%、36.94%和88.42%。

中规模养殖场户生猪生产成本数据显示，2000—2020年仔猪成本增长对总成本增长的贡献率为48.03%。仔猪成本由2000年的1.25元/千克上升至2020年的10.94元/千克，年均增长11.45%。2000—2005年、2005—2010年、2010—2015年和2015—2020年增长率分别为10.32%、4.39%、8.44%和23.53%。仔猪成本增长对总成本增长的贡献与其增长趋势保持一致，2000—2005年、2005—2010年、2010—2015年和2015—2020年贡献率分别为66.39%、15.24%、33.93%和93.85%。

小规模养殖场户生猪生产成本数据显示，2000—2020年仔猪成本增长对总成本增长的贡献率为148.59%。仔猪成本由2000年的1.29元/千克上升至2020年的8.72元/千克，年均增长10.03%。2000—2005年、2005—2010年、2010—2015年和2015—2020年增长率分别为7.62%、−0.46%、8.82%和25.76%。仔猪成本变动对总成本增长的贡献与其增长趋势保持一致，2000—2005 年、2005—2010 年、2010—2015 年和 2015—2020 年贡献率分别为 45.44%、−11.08%、28.42%和 101.46%。

（3）人工成本增长对总成本增长的贡献较大且呈上升趋势

规模养殖场户总体生猪生产成本数据显示，2000—2020 年人工成本增长对总成本增长的贡献率为 37.38%。规模养殖场户人工成本由 2000 年的 0.36 元/千克上升至 2020 年的 1.32 元/千克，年均增长 6.66%。2000—2005 年、2005—2010 年、2010—2015 年和 2015—2020 年增长率分别为 8.00%、6.00%、13.05%和−0.01%。人工成本变动对总成本增长的贡献与其增长趋势保持一致，2000—2005 年、2005—2010 年、2010—2015 年和及 2015—2020 年贡献率分别为 49.89%、30.36%、51.83%和−0.03%。

大规模养殖场户生猪生产成本数据显示，2000—2020 年人工成本增长对总成本增长的贡献率为 30.03%。人工成本由 2000 年的 0.26 元/千克上升至 2020 年的 0.92 元/千克，年均增长 6.60%。2000—2005 年、2005—2010 年、2010—2015 年和 2015—2020 年增长率分别为 8.38%、9.27%、8.32%和 0.66%。人工成本增长对总成本增长的贡献与其增长趋势保持一致，2000—2005 年、2005—2010 年、2010—2015 年和 2015—2020 年贡献率分别为 52.96%、35.79%、43.98%和 2.83%。

中规模养殖场户生猪生产成本数据显示，2000—2020 年人工成本增长对总成本增长的贡献率为 30.12%。人工成本由 2000 年的 0.34 元/千克上升至 2020 年的 1.37 元/千克，年均增长 7.18%。2000—2005 年、2005—2010 年、2010—2015 年和 2015—2020 年增长率分别为 7.61%、8.96%、12.88%和−0.30%。人工成本变动对总成本增长的贡献与其增长趋势保持一致，2000—2005 年、2005—2010 年、2010—2015 年和 2015—2020 年贡献率分别为 48.93%、31.12%、51.76%和−1.19%。

小规模养殖场户生猪生产成本数据显示，2000—2020 年人工成本增长对总成本增长的贡献率为93.19%。人工成本由2000年的0.49元/千克上升至2020年的1.67元/千克，年均增长6.29%。2000—2005年、2005—2010年、2010—2015年和2015—2020年增长率分别为8.06%、1.68%、16.31%和−0.13%。人工成本变动对总成本增长的贡献与其增长趋势保持一致，2000—2005年、2005—2010年、2010—2015年和2015—2020年贡献率分别为48.12%、40.29%、52.59%和−0.50%。

2. 中国生猪生产成本变动的动因分解：要素投入数量及价格

根据式（5-5）可计算出中国生猪生产各分项成本要素投入量及价格的增长对总成本上升的贡献（表5-1）。

表5-1 中国生猪生产要素投入数量和价格增长对生产总成本增长的贡献份额

单位：%

规模养殖场户	年份	饲料投入量	饲料价格	仔猪投入量	仔猪价格	人工投入量	人工价格
总体	2000—2005	−15.46	73.07	−2.61	27.09	−4.20	10.69
	2005—2010	−10.12	67.56	−23.57	52.02	−6.43	13.84
	2010—2015	2.49	59.62	−1.03	26.09	−1.42	8.73
	2015—2020	29.83	26.78	−2.62	31.09	−783.12	793.57
大规模	2000—2005	−28.58	85.89	−0.07	29.46	−4.55	9.58
	2005—2010	1.46	58.74	−10.73	38.42	−2.52	8.05
	2010—2015	−0.50	56.86	−2.75	34.19	−3.00	9.69
	2015—2020	22.97	15.45	−6.83	59.00	−11.49	16.00
中规模	2000—2005	−24.82	85.01	−1.26	23.97	−4.15	10.35
	2005—2010	2.52	55.81	−6.44	35.26	−3.76	10.70
	2010—2015	−4.62	67.98	−1.02	25.20	−1.32	8.54
	2015—2020	18.46	38.88	−1.96	30.16	−89.47	79.18
小规模	2000—2005	1.48	55.18	−7.37	34.38	−5.19	15.72
	2005—2010	−47.52	110.56	−804.72	782.03	−28.58	38.42
	2010—2015	8.38	47.64	−0.12	25.32	−1.50	16.74
	2015—2020	53.43	−17.12	−4.19	55.27	−149.75	139.99

2000—2020年规模养殖场户生猪生产要素投入数量和价格变动

对生产总成本增长的贡献率显示，饲料价格、仔猪价格和人工价格增长对生猪生产总成本增长贡献最为明显。其中，2000—2005 年，饲料价格的增长显著带动生猪生产总成本的增长，贡献率达到 73.07%，仔猪价格和人工成本对总成本增长贡献率分别达到 27.09%和 10.69%；饲料投入量下降可有效降低生猪生产总成本，饲料投入量降低对总成本增长的贡献率为－15.46%，人工投入量变动对总成本增长的贡献率为－4.20%，仔猪投入量变动对总成本增长的贡献为－2.61%。2005—2010 年，饲料价格和仔猪价格的增长很大程度上带动了总成本的提高，二者贡献率分别为 67.56%、52.02%；仔猪投入量、饲料投入量和人工投入量的降低对总成本增长的贡献率共计达到－40.12%。2010—2015 年，仔猪价格、饲料价格和人工价格上涨同样是带动总成本增长的重要因素，贡献率分别为 59.62%、26.09%和 8.73%；饲料投入量变动对总成本增长的带动作用较小，仔猪投入量和人工投入量变动对总成本增长有小的负向贡献。2015—2020 年，饲料投入量、饲料价格、仔猪价格和人工价格上升均对总成本增长有明显的拉动作用，贡献率分别为 29.83%、26.78%、31.09%和 793.57%，仔猪投入量和人工投入量的下降则有效降低了总成本，对总成本增长的贡献率为－2.62%和－783.12%。

2000—2020 年中国大规模养殖场户生猪生产总成本提升主要由饲料、仔猪和人工等生产要素价格增长带动所致。其中，2000—2005 年，饲料价格上涨对总成本增长的贡献率高达 85.89%，饲料投入量下降对总成本上涨的贡献率为－28.58%；仔猪和人工价格上涨对总成本增长的贡献率分别为 29.46%和 9.58%。2005—2010 年，饲料价格上涨仍是带动总成本上升的重要因素，贡献率达到 58.74%；仔猪价格上涨解释了 38.42%的总成本上升的原因，但是单位出栏重量生猪生产的仔猪投入量有所降低，仔猪投入量变动对总成本增长的贡献率为－10.73%。2010—2015 年，总成本增长动因与上阶段相似，饲料、仔猪以及人工价格增长对总成本增长的贡献率分别为 56.86%、34.19%和 9.69%；饲料、仔猪以及人工投入量变动对总成本增长的贡献为负，分别为－0.50%、－2.75%和－3.00%。2015—2020年，饲料投入量和饲料价格增长共同推动总成本增长，贡献率分别为22.97%和15.45%；仔猪价格增长对总成本增长的影响较大，可解释59.00%的价格增长；仔猪投入量对总成本贡献率为－6.83%；人工投入量和人工价格变动对总成本增长的贡献率分别为－11.49%和16.00%。

2000—2020年中规模养殖场户生猪养殖过程中，饲料、仔猪和人工生产要素价格增长是生猪生产总成本增长的主要动因。其中，2000—2005年，饲料价格增长对总成本增长的贡献率达到85.01%，是推动生产成本增长最关键的因素；仔猪价格和人工价格增长对总成本增长的贡献率共达到了34.32%；饲料、仔猪和人工投入量的减少降低了总成本增长幅度，对总成本增长的贡献率分别为－24.82%、－1.26%和－4.15%。2005—2010年，饲料投入量和饲料价格对总成本起到双增长带动作用，贡献率分别为2.52%和55.81%；仔猪价格和人工价格增长对总成本增长的推动作用也十分明显，贡献率分别达到35.26%和10.70%。2010—2015年，饲料价格、仔猪价格增长对总成本增长的贡献率为67.98%和25.20%，成为拉动价格增长的关键因素；饲料、仔猪、人工投入量对总成本增长的贡献率均为负，一定程度上抑制了总成本的过度增长。2015—2020年，饲料投入量、饲料价格、仔猪价格、人工价格共同作用，推动生猪生产总成本提升，尤其是人工价格上涨对总成本增长的贡献率高达79.18%，饲料价格增长贡献率为38.88%，仔猪价格增长贡献率为30.16%。人工投入量变动对总成本增长有明显的负向带动作用，贡献率为－89.47%。

2000—2020年小规模养殖场户生猪养殖中各要素的贡献有较大波动，但饲料、仔猪和人工要素投入价格增长对总成本增长的带动作用趋势并无明显变化。其中，2000—2005年，饲料价格增长贡献最大，解释了55.18%的总成本的增长，仔猪价格和人工价格增长对总成本增长的贡献率分别为34.38%和15.72%。2005—2010年，饲料价格和仔猪价格对总成本增长的带动作用尤为明显，贡献率分别高达110.56%和782.03%；单位出栏重量生猪生产的饲料投入量、仔猪投入量的下降在一定程度抵消了价格增长所带来的增长效应，饲料投入量、仔猪投入量变动对总成本增长的贡献率分别为－47.52%、－804.72%。2010—2015 年，饲料价格、仔猪价格和人工价格增长仍是成本增长的重要动因，贡献率分别为 47.64%、25.32% 和 16.74%。仔猪投入量和人工投入量小幅下降抑制了总成本增长，贡献率分别为－0.12%和 －1.50%。2015—2020 年，人工因素对总成本的影响最为明显，其中人工投入量及人工价格变动对总成本的贡献率分别为－149.75%、139.99%，饲料投入量和仔猪价格较大程度拉动总成本提升，贡献率分别为 53.43%和 55.27%。

（三）中国生猪生产成本变动的国际比较

1. 中美生猪生产成本变动的动因比较分析

对中美生猪生产成本变动的影响因素进行分解分析，可见看到，饲料成本和仔猪成本的增加是推动中美生猪生产总成本增加的重要因素。人工成本下降有效带动了美国生猪生产总成本的降低，但中国人工成本上升则推动了中国生猪生产总成本的上升。美国生猪生产中其他成本变动对总成本增长的贡献为正值，中国则相反（表 5－2）。2000—2020 年美国饲料成本增长对总成本增长的贡献率达到 691.12%，中国为 23.73%。仔猪成本同样作为中美两国生猪生产总成本的关键带动因素，2000—2020 年美国仔猪成本增长对总成本增长的贡献率

表 5－2 要素投入数量和价格变动对生猪生产总成本增长的贡献份额

单位：%

年份	饲料成本		仔猪成本		人工成本		其他成本	
	美国	中国	美国	中国	美国	中国	美国	中国
2000—2005	8.95	31.85	29.06	52.29	25.41	49.89	36.59	－34.03
2005—2010	108.73	40.24	－133.76	18.34	－133.69	30.36	58.72	11.06
2010—2015	19.12	13.12	89.51	31.60	－17.33	51.83	8.70	3.45
2015—2020	28.42	2.77	－438.63	94.36	300.34	－0.03	209.88	2.90
2000—2020	691.12	23.73	193.86	59.01	－851.47	37.38	66.49	－20.12

达到 193.86%，中国为 59.01%。2000—2020 年中美两国生猪生产中人工成本表现出不同的变动趋势，从而对两国生猪生产总成本变动做出不同的贡献，美国人工成本下降对总成本增长的贡献率为 −851.47%，有效带动生猪总成本的下降，中国人工成本不断上涨，对总成本增长的贡献率为 37.37%。2000—2020 年，美国生猪生产中其他成本变动对总成本增长的贡献率为 66.49%，中国则为负向贡献，为 −20.12%。

2. 中美生猪生产成本差距变动的动因分解

为进一步了解中美生猪生产成本差距，通过计算中国成本上升、美国成本下降以及汇率变动等所引致的成本变动在中美生猪生产成本差距变动中的占比，进一步考察中美生猪生产成本差距变动的影响因素（图 5-20）。

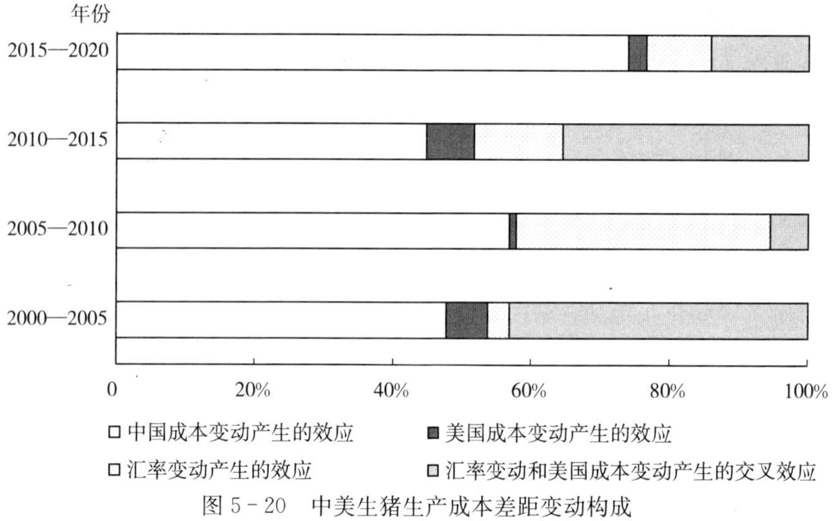

图 5-20　中美生猪生产成本差距变动构成

2000—2020 年，中国生猪生产成本上升对中美生猪生产成本差距拉大的贡献份额为 76.60%，美国生产成本下降的贡献份额为 1.91%，汇率变动的贡献份额为 10.24%，汇率变动和美国生产成本变动产生的交叉效应的贡献份额为 11.25%。中国生产成本上升是中美两国生产成本差距拉大的最主要因素。其中，2000—2005 年中国生产成本变动因素占到中美两国生产成本差距变动的47.76％，2005—2010年为56.88％，2010—2015年为44.79％，2015—2020年为74.00％。尤其是2020年中国生产成本因非洲猪瘟疫情和新冠肺炎疫情影响剧增，中国生产成本变动导致中美生产成本差距进一步加速拉大。

2000—2020年，美国生猪生产成本相对稳定，其变动产生的效应相对较小。其中，2000—2005年美国生产成本变动因素占到中美生产成本差距变动的6.00％。随后年份占比减小，到2010年中美生产成本差距变动由美国成本变动因素导致的仅占比1.00％。2010—2015年和2015—2020年美国生产成本变动因素占比有所提高，分别为6.94％和2.66％。

汇率变动是影响中美生猪生产成本变动的重要因素。2005年之前，汇率变动产生的效应占比3.17％。2005年之后，汇率变动产生的效应逐渐加大。个别年份汇率变动因素较大地影响了中美成本差距，如2005—2010年汇率变动对中美生产成本差距的贡献率达到36.59％。

汇率变动和美国生产成本变动产生的交叉效应也在很大程度上影响中美生产成本差距，2000—2005年汇率变动和美国生产成本变动产生的交叉效应对两国生产成本差距扩大的贡献率达到43.08％，2010—2015年则达到35.39％。

进一步计算中美生猪生产分项成本差距在总成本差距变动中的占比，可以看到，仔猪成本成为中美两国生猪生产总成本差距拉大的主要动因，其次为饲料成本及人工成本（图5－21）。分时间段看，2000—2005年，仔猪成本差距拉大是中美两国生猪生产成本差距拉大的主要影响因素，归因比例为51.21％；饲料成本差距变动占到总成本差距变动的34.19％；人工成本差距变动占到总成本差距变动的6.61％；其他成本差距变动对总成本差距变动的贡献率相对较小，占到4.99％。2005—2010年，仔猪成本差距变动仍是中美生产成本差距变动的第一主导因素，贡献率达到75.51％；饲料成本差距变动占到20.14％；人工成本差距变动和其他成本差距变动贡献率相对较小，分别占到 1.85%和 2.50%。2010—2015 年，仔猪成本差距变动较前时段有所缩小，但仍为中美生产成本差距变动的主导因素，其贡献率为 67.77%；饲料成本差距变动与之前时段相仿，占总成本差距变动的 20.50%；人工成本差距变动有所扩大，其贡献率为 9.76%；其他成本差距则为 1.97%。2015—2020 年，尤其是 2018 年非洲猪瘟对能繁母猪存栏量影响较大，国内仔猪成本迅猛增加，中美仔猪成本差距变动占到中美生猪生产总成本差距变动的 90.30%；饲料成本差距、人工成本差距和其他成本差距变动进一步压缩，其占比分别为 2.21%、1.68%和 5.81%。

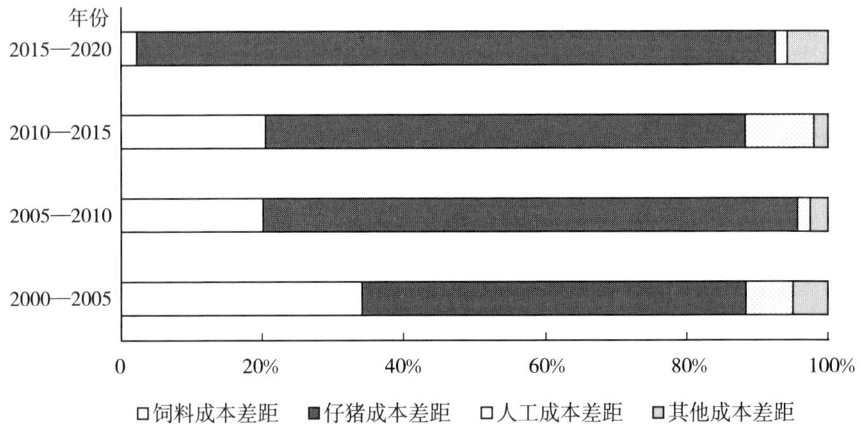

图 5-21　中美生猪生产成本差距变动构成（分项成本变动）

三、生猪生产成本变动总体研判及展望

2000—2020 年，中国规模养殖场户生猪生产成本在大部分年份均呈现不同程度的上升，尤其 2019 年以来上升幅度较大，由 2000 年的 5.60 元/千克增长至 2020 年的 19.55 元/千克，20 年期间增长约 2.5 倍。从成本结构来看，规模养殖场户生猪生产的饲料费用比重最高，基本稳定在 50%～60%，并呈现下降趋势；其次是仔猪费用，比重波动较大，总体保持上升趋势，平均比重 30.63%；再次是人工

费用，比重维持在5％～10％，有小幅波动。2007年前中国生猪生产成本低于美国，随着中国生猪生产成本的逐年上升，2007年开始中国生猪生产成本由之前的低于美国，转变为超过美国，中美生猪生产成本优势发生翻转。

本章通过分析中国不同规模养殖场户生猪生产成本变动趋势，并将中美两国生猪生产分项成本要素投入价格与要素投入数量的相对增长变化进行对比，考察中美生猪生产成本优势翻转且差距拉大的原因。主要结论可以归纳为三点：第一，美国生猪生产成本相对稳定，每千克猪肉生产成本维持在8～10元。同期，中国生猪生产成本呈现出逐年上升趋势，在2007年之后，超过美国生产成本，且差距逐步拉大。第二，2000—2020年中国生猪生产成本上升的主要驱动因素在于饲料成本、仔猪成本和人力成本的上升，其中饲料价格与仔猪价格大幅增长是主要动因；同期，美国生猪生产成本下降的主要原因在于仔猪成本和人力成本的明显下降。第三，2000—2020年，中国生猪生产成本上升是中美两国生猪生产成本差距加大的最主要因素。同时，汇率变动对中美两国生猪生产成本差距加大的影响不容忽视。

上述结论可以为中国生猪产业发展提供三方面的启示。第一，根据美国农业部的研究结果显示，种猪基因对生猪经济效益的影响占比达到40％，超过饲料成本、饲养管理和疫病防疫的作用，是最大的影响因素。因此，加大种业科技创新，是降低生猪生产成本的重要路径。第二，支持龙头企业加快产业链的纵向整合，建立健全支持中小养殖场及大型龙头企业结合的奖补政策，支持产业化龙头企业大力发展“公司＋农户”“公司＋合作社＋农户”产业化组织模式，降低交易成本，减少成本波动。第三，充分考虑汇率等宏观经济政策对农业生产的负面影响，完善对农产品出口的政策支持体系。

第六章 生猪产业国际竞争力评价

中国从猪肉净出口国变为猪肉净进口国，猪肉进口量的迅猛增加使得生猪国际竞争力问题备受关注。2010 年之前，除 2000 年和 2008 年两个年份外，中国猪肉基本可以实现自给自足。2011 年起中国猪肉开始呈现出稳定的净进口状态，近年来猪肉进口增幅尤为显著。

已有关于中国生猪产业国际竞争力的研究，主要是基于贸易角度测算生猪产品贸易指数，包括国际市场占有率、贸易竞争力指数、显示性比较优势指数等，来评价国际竞争力状况，如张振和乔娟（2011）、廖毅和周发明（2011）、詹淼华和许能祥（2017）以及高海秀等（2020）。相关研究发现，20 世纪 90 年代中期以前中国生猪产业具有一定的国际竞争力，但 21 世纪以来竞争力优势总体呈现不断下降的趋势，近些年已不具备比较优势（杨小川和陈娴，2008；李作稳和易法海，2004）。根据比较优势理论，国际贸易的基础是生产效率的相对差别，及由此引致的生产成本的相对差别。还有部分文献基于价格视角，通过测算生猪养殖成本和收益等指标，分析了中国生猪产业国际竞争劣势，如郭惠武和张海峰（2019）以及黄季焜和马恒运（2000）。

近年来，与中国猪肉进口逐年攀升相伴随的还有玉米、大豆等饲料粮的大量进口（辛翔飞等，2020；辛翔飞和王济民，2019；樊慧丽和付文阁，2020；孙鑫，2016；辛翔飞等，2021；陈印军等，2019）。当前国际贸易环境发展充满了不确定性，非洲猪瘟疫情仍在部分区域发生。2020 年党的十九届五中全会强调，要加快构建以国内大循环为主体、国内国际双循环相互促进的新发展格局，经济发展要更多依靠内循环。中国是世界第一大猪肉消费国，生猪产业属于内需主导型经济，保障国内猪肉供给是生猪产业发展的首要目标，因此内需优势在一定程度上会拉升中国生猪产业竞争力水平。由于中国出口猪肉中95％以上销往中国香港和中国澳门，仅通过国际贸易方面的测算并不能全面、客观地评价中国生猪产业竞争力水平。除国际贸易外，反映基础生产要素比较优势的资源禀赋竞争力、反映生产技术和生产能力的生产竞争力，以及反映消费偏好和消费能力的消费竞争力等，均是生猪产业发展及综合竞争力的重要影响因素。本研究基于生猪产业发展视角构建了包含资源禀赋竞争力、生产竞争力、消费竞争力和贸易竞争力 4 个一级指标及 13 个相关二级指标的生猪产业国际综合竞争力评价指标体系，利用 1995—2020 年生猪产业相关数据，对中国、美国、德国、巴西、西班牙、俄罗斯等生产、消费和贸易大国的生猪产业国际综合竞争力进行评价，并与传统的基于贸易视角的竞争力评价结果进行对比分析。

一、生猪产业国际竞争力评价方法及数据说明

中国是猪肉进口大国，进口贸易规模逐年扩大。2020 年中国猪肉进口量达到 573.0 万吨。进口产品以生鲜冷冻猪肉（含杂碎）为主，且比重逐年增加，目前生鲜冷冻猪肉进口比重已接近 100％。中国猪肉出口规模较小，且近年来呈现逐步下降趋势，2020 年中国猪肉出口量仅为 22.7 万吨。中国猪肉主要以生鲜冷冻肉形式出口，也有部分以熟制品的形式出口，熟制品占到猪肉总出口量的 30％～40％。从世界猪肉生产布局来看，产能主要集中在中国、欧盟、美国和巴西等国家（地区）。中国、美国以及欧盟的猪肉产量约占全球总

产量的四分之三。德国是欧盟最大的猪肉生产国，巴西是美洲第二大猪肉生产国。从世界猪肉贸易形势来看，全球猪肉贸易洲际间流动主要是从欧洲与美洲流向亚洲。欧洲、美洲主导了全球猪肉产品出口贸易，猪肉出口量占全球猪肉出口总量的比重超过 95%。猪肉出口国（地区）主要集中于美国、欧盟、加拿大和巴西，猪肉净进口国主要为中国、日本、墨西哥、韩国和俄罗斯等。德国和西班牙不仅是欧盟猪肉生产大国，也是猪肉出口大国。综上，结合生猪产业实际，同时充分考虑指标数据的可获得性，本章选择美国、巴西、俄罗斯、欧盟中的德国和西班牙 5 个猪肉生产、消费、贸易大国与中国进行生猪产业国际竞争力的比较分析。生猪产业国际竞争力评价指标对应的数据选取时段为 1995—2020 年，数据来源于 FAOSTAT 数据库和中国海关统计数据。指标体系中，对于个别国家的极个别指标缺少的相应统计数据，本研究根据该国家该指标相邻年份数据变化趋势进行插值补充。

（一）基于贸易视角的生猪产业国际竞争力评价指标选取

基于贸易视角的生猪产业国际竞争力评价，本研究选择已有文献常用的国际市场占有率（World Market Share，WMS）、贸易竞争力指数（Trade Comparativeness，TC）和显示性比较优势指数（Revealed Comparative Advantage，RCA）3 个指标，对中国生猪产业的国际竞争力进行测度，并同世界主要生猪生产国进行比较。

1. 国际市场占有率

国际市场占有率（WMS）是指一国某种产品出口额在世界该产品出口总额中所占份额，直接体现一国出口的某种产品在国际市场上的总体国际竞争力，反映国际竞争力的实现程度。可用公式表示为：

$$WMS_i^k = \frac{X_{iw}^k}{X_{ww}^k} \times 100\% \qquad (6-1)$$

式中，X_{iw}^k 表示 i 国 k 产品出口额，X_{ww}^k 表示世界 k 产品出口总额。WMS_i^k 的取值在 0～100%；WMS_i^k 的值越接近 1，表明 i 国 k 产

品的国际市场份额越高；越接近 0，表明 i 国 k 产品的国际市场份额越小。

2. 贸易竞争力指数

贸易竞争力指数（TC）表示一国某产品进出口差额在该产品进出口贸易总额中的占比，该指标可以反映一国生产的某种产品是净进口还是净出口，以及净进口或净出口的相对规模，从而反映相对于世界市场上由其他国家或地区所供应的该产品而言，该国生产的同种产品是处于效率的竞争优势还是劣势以及优劣的程度。可用公式表示为：

$$TC_i^k = \frac{X_{iw}^k - M_{iw}^k}{X_{iw}^k + M_{iw}^k} \times 100\% \qquad (6-2)$$

式中，X_{iw}^k 和 M_{iw}^k 分别表示 i 国 k 产品的出口额和进口额，且 TC_i^k 的取值在 -1 和 1 之间。当 $TC_i^k>0$ 时，表明 i 国 k 产品具有出口竞争优势，且 TC_i^k 的值越接近 1，i 国 k 产品的出口竞争优势越强，净出口相对规模也越大，等于 1 时表示猪肉贸易只出口不进口；当 $TC_i^k<0$ 时，表明 i 国 k 产品处于出口竞争劣势，且 TC_i^k 的值越接近 -1，i 国 k 产品的出口竞争劣势越强，净进口相对规模也越大，等于 -1 时表示猪肉贸易只进口不出口。

3. 显示性比较优势指数

显示性比较优势指数（RCA）表示一国某产品出口额在该国所有产品出口总额的份额与世界该产品出口额占世界该产品出口总额的份额的比值，反映的是相对国际竞争力，是分析一国某种产品是否具有出口比较优势的重要指标。

可用公式表示为：

$$RCA_i^k = \frac{X_{iw}^k / X_{iw}^t}{X_{ww}^k / X_{ww}^t} \times 100\% \qquad (6-3)$$

式中，X_{iw}^k 表示 i 国 k 产品出口额，X_{iw}^t 表示 i 国所有产品出口总额，X_{ww}^k 表示世界 k 产品出口额，X_{ww}^t 表示世界所有产品出口总额。*RCA* 指数越大表示国际贸易优势越明显。一般认为，当 $RCA_i^k \geq 2.5$

时，表明 i 国 k 产品具有很强的出口比较优势；当 $1.25 \leqslant RCA_i^k < 2.5$ 时，表明 i 国 k 产品具有较强的出口比较优势；当 $0.8 \leqslant RCA_i^k < 1.25$ 时，表明 i 国 k 产品具有一定出口比较优势；当 $RCA_i^k < 0.8$ 时，表明 i 国 k 产品不具有出口比较优势。

（二）基于产业发展视角的生猪产业国际综合竞争力评价指标体系构建

基于产业发展视角的生猪产业国际竞争力评价是一项复杂的系统工程，需要构建一个综合评价体系开展测度分析。遵循系统性、全面性、科学性的评价指标体系构建原则，基于产业发展视角的生猪产业国际综合竞争力评价指标体系设置资源禀赋竞争力、生产竞争力、消费竞争力和贸易竞争力 4 个一级评价指标，在一级评价指标下分别设置二级评价指标。

资源禀赋竞争力（$B1$）。设置资源禀赋竞争力指标考察一国或地区资源的相对丰富程度。新古典贸易理论认为要素禀赋结构决定了一国（地区）的比较优势，进而决定了该国（地区）的最优产业结构。资源禀赋作为最基础的农业生产要素，是生猪产业发展的支撑和保障。充足的农用地和较高的饲料粮生产能力，是该区域拥有充足饲料粮的基础。该一级指标下设资源结构（$C11$）、饲料粮种植比重（$C12$）、饲料粮自给率（$C13$）3 个二级评价指标。其中，自然资源差异是农业生产分工的基础，资源结构指标用该国农田面积与世界农田面积比重考察自然资源禀赋的差异，该指标值越大说明越具有资源总量上的竞争优势。作为食粮型畜牧业之一的生猪产业，玉米、豆粕等饲料粮供给保障对于生猪生产极其重要。饲料粮种植比重指标用饲料粮与粮食作物收获面积的比值表示，饲料粮自给率用饲料粮产量与饲料粮消费量的比值表示。

生产竞争力（$B2$）。设置生产竞争力指标横向比较一国（地区）与其他国（地区）的生猪生产技术和生产能力。一国生猪产业竞争优势，除资源禀赋先天优势外，还有养殖技术等后天优势，发展一国先天或后天优势的产业，以此形成以绝对优势为基础的国际分工。该一级指标下设经济效益（C21）、生产效率（C22）、生产份额（C23）3个二级评价指标，经济效益是用生猪生产者价格与饲料粮生产者价格的比值表示，该指标基于价格及成本收益的角度，反映猪肉价格及生猪养殖利润竞争力。生产效率用猪肉产量与生猪存栏量的比值表示，是单位存栏规模对应的年度猪肉产量水平，该指标是在生猪出栏率（生猪出栏量/生猪存栏量）的基础上做了进一步优化，涵盖了生猪出栏率与单体重两方面信息，是体现生猪养殖技术效率水平的综合指标。生产份额用国内猪肉产量与肉类生产总量的比值表示，反映了生猪生产结构特征。

消费竞争力（B3）。设置消费竞争力指标反映一国（地区）的消费偏好和消费能力。在国际产业竞争理论中，波特理论强调了国内需求在刺激和提高国家竞争优势中的作用。供给与需求相互促进，一国猪肉的强劲需求必然会带动生猪产业的迅速发展。再者，国内消费与国际贸易二者在本质上具有需求范畴的共同属性，表征上仅是国内、外需求对象的差异。若国内存在强大的猪肉消费需求，即使该国猪肉出口贸易为0，也并不意味着该国生猪产业竞争力为0。该一级指标下设置人均猪肉消费量（C31）、人均猪肉消费差距（C32）、国内猪肉消费比重（C33）、人均猪肉消费增长率（C34）4个二级评价指标。其中，人均猪肉消费量用猪肉消费量与该国人口数量的比值表示；人均猪肉消费差距用一国人均猪肉消费量和消费量最高国家的差值与最高国家人均猪肉消费量的比值表示；国内猪肉消费比重用国内猪肉消费量与国内肉类消费总量的比值表示；人均猪肉消费增长率用人均猪肉消费增长量与上一年人均猪肉消费量的比值表示。

贸易竞争力（B4）。设置贸易竞争力指标反映一国（地区）在国际贸易中的竞争能力，衡量一国（地区）猪肉在国际市场上所处的地位。比较优势理论认为国际贸易分工中参与国际生产并出口其具有比较优势的产品，进口其具有比较劣势的产品，国际市场上猪肉贸易进出口流向在一定程度上反映了一国生猪产业的比较优势具备与否。该一级指标下设置国内市场自给率（$C41$）、国际市场占有率（$C42$）、贸易竞争力指数（$C43$）3 个二级评价指标。国内市场自给率用猪肉产量与猪肉产量加净进口量和的比值关系，测算一国（地区）生猪生产能否满足国内市场需求。国际市场占有率和贸易竞争力指数反映一国（地区）生猪产业对世界生猪产业贸易的贡献程度。

由于评价指标体系中 13 个二级指标量纲不同，为了使各指标评价指标值具有可比性，本章采用极值法对 13 个二级指标进行标准化处理，处理方法为 $X=\frac{X_{ij}-X_{i,\min}}{X_{i,\max}-X_{i,\min}}$。各一级指标及二级指标均为正向指标。$X$ 为标准化后的指标，X_{ij} 为原始数据，$X_{i,\max}$ 和 $X_{i,\min}$ 分别为第 j 项指标的最大值和最小值。进行标准化处理后，通过加权平均计算得到生猪产业国际竞争力总指数和各级分指数，$I=\sum_{1}^{i} I_{Bi}W_{i}$，其中 I_{Bi} 和 W_i 分别表示指标及其对应的权重，指标权重通过变异系数法求得（裴璐，2020）。各指标及权重结果见表 6－1。

表 6－1　生猪产业国际竞争力评价指标体系

一级指标	二级指标	公式	权值
资源禀赋竞争力 27.77%	资源结构	$C11$＝该国农田面积/世界农田面积	9.39%
	饲料粮种植比重	$C12$＝饲料粮收获面积/粮食收获面积	11.14%
	饲料粮自给率	$C13$＝饲料粮产量/饲料粮消费量	7.24%
生产竞争力 23.30%	经济效益	$C21$＝生猪生产者价格/饲料粮生产者价格	7.88%
	生产效率	$C22$＝猪肉产量/生猪存栏量	5.22%
	生产份额	$C23$＝国内猪肉产量/肉类生产总量	10.20%
消费竞争力 27.49%	人均猪肉消费量	$C31$＝猪肉消费量/人口数量	8.38%
	人均猪肉消费差距	$C32$＝（人均猪肉消费量最高国家的值－该国人均猪肉消费量）/人均猪肉消费量最高国家的值	7.99%
	国内猪肉消费比重	$C33$＝国内猪肉消费量/国内肉类消费总量	7.96%
	人均猪肉消费增长率	$C34$＝（人均猪肉消费量－上一年人均猪肉消费量）/上一年人均猪肉消费量	3.15%

（续）

一级指标	二级指标	公式	权值
贸易竞争力 21.44%	国内市场自给率	C41＝猪肉产量/（猪肉产量＋猪肉净进口量）	5.40%
	国际市场占有率	C42＝该国猪肉出口额/世界猪肉出口额	9.61%
	贸易竞争力指数	C43＝（该国猪肉出口额－该国猪肉进口额）/（该国猪肉出口额＋该国猪肉进口额）	6.44%

二、生猪产业国际竞争力评价结果

（一）基于贸易视角的生猪产业国际竞争力测算结果

国际市场占有率、贸易竞争力指数及显示性比较优势指数测算结果分别在表 6－2 中报告。

表 6－2　1995—2020 年生猪产业国际竞争力指数测算结果

指数	年份	中国	美国	巴西	德国	西班牙	俄罗斯
国际市场占有率（%）	1995	3.14	5.91	0.62	3.35	2.49	0.01
	2000	1.47	11.57	1.47	6.02	5.97	0.00
	2005	3.64	10.68	5.43	11.54	9.59	0.00
	2010	1.88	13.90	4.57	16.98	12.37	0.00
	2015	1.62	15.45	3.94	15.62	13.27	0.04
	2020	0.83	14.80	4.37	13.37	15.67	0.78
贸易竞争力指数	1995	0.99	0.15	0.65	－0.61	0.32	－1.00
	2000	0.51	0.23	0.98	－0.30	0.63	－1.00
	2005	0.93	0.34	1.00	0.07	0.84	－1.00
	2010	0.46	0.59	1.00	0.32	0.86	－1.00
	2015	－0.46	0.54	0.99	0.39	0.88	－0.99
	2020	－0.94	0.66	0.98	0.41	0.91	0.58
显示性比较优势指数	1995	1.23	0.43	0.23	0.61	1.11	0.03
	2000	0.49	0.89	0.52	1.13	2.35	0.00
	2005	1.08	1.09	1.31	1.82	3.24	0.00
	2010	0.49	1.32	0.90	2.86	4.76	0.00
	2015	0.35	1.48	0.77	2.84	4.82	0.04
	2020	0.22	1.49	0.77	2.51	4.15	0.50

国际市场占有率。1995—2020 年中国生猪国际市场占有率在波动中不断下降，1995 年为 3.14%，到 2020 年仅为 0.83%。同期，美国、德国和西班牙三国生猪国际市场占有率稳定上升，分别从 1995 年的 5.91%、3.35% 和 2.49% 上升至 2020 年的 14.80%、13.37%和 15.67%。巴西和俄罗斯也有小幅增长，分别从 1995 年的 0.62%和 0.01%上升为 2020 年的 4.37%和 0.78%。

贸易竞争力指数。1995—2020 年中国生猪产业贸易竞争力指数在波动中不断下降且由正转负，1995 年为 0.99，2020 年仅为−0.94。同期，美国、巴西、德国、西班牙及俄罗斯猪肉贸易竞争力指数稳定上升，分别从 1995 年 0.15、0.65、−0.61、0.32 和−1.00 上升为 2020 年的 0.66、0.98、0.41、0.91 和 0.58。

显示性比较优势指数。1995—2020 年中国生猪产业显示性比较优势指数大幅下降，1995 年为 1.23，2020 年仅为 0.22，与 1995 年相比下降了 82.11%。同期，美国、巴西、德国、西班牙以及俄罗斯五国显示性比较优势指数不断上升，五国分别从 1995 年的 0.43、0.23、0.61、1.11 和 0.03 上升至 2020 年的 1.49、0.77、2.51、4.15 和 0.50。

（二）基于产业发展视角的生猪产业国际综合竞争力测算结果

1995—2020 年中国生猪产业国际综合竞争力指标值以及其 4 个一级指标资源禀赋竞争力、生产竞争力、消费竞争力和贸易竞争力指标值测算结果见表 6-3。

中国生猪产业国际综合竞争力评价指标值，在 1995—2020 年间呈现下降趋势，1995 年为 13.00，2020 年降至 10.36。同期，美国、巴西、德国、西班牙和俄罗斯五国生猪产业国际竞争力均有不同程度提高，指标值分别从 1995 年的 12.56、8.29、8.25、6.93 和 7.51 上升至 2020 年的 14.32、12.42、11.43、10.83 和 10.47。

资源禀赋竞争力。1995—2020 年中国资源禀赋竞争力在波动中上升，评价指标值从 1995 年 12.77 上升至 2020 年 13.19。从其他 5 个考察国来看，巴西、俄罗斯和德国资源禀赋竞争力呈现上升趋势，其指标值分别由 1995 年 11.70、8.94 和 1.05 上升到 2020 年的 20.58、9.71 及 1.19。美国和西班牙资源禀赋竞争力在波动中下降，指标值分别由 1995 年 22.03 和 1.12 下降到 2020 年的 20.99 和 0.70。

表 6-3　1995—2020 年生猪产业国际综合竞争力测算结果

指标	年份	中国	美国	巴西	德国	西班牙	俄罗斯
生猪产业国际综合竞争力	1995	13.00	12.56	8.29	8.25	6.93	7.51
	2000	12.41	14.15	9.70	9.67	8.42	7.93
	2005	13.23	13.86	11.11	11.03	8.72	8.97
	2010	12.38	13.87	10.81	12.04	8.54	8.72
	2015	12.02	14.28	11.65	11.72	9.05	9.35
	2020	10.36	14.32	12.42	11.43	10.83	10.47
#资源禀赋竞争力	1995	12.77	22.03	11.70	1.05	1.12	8.94
	2000	13.12	21.75	14.83	1.22	1.55	8.20
	2005	13.06	21.29	16.30	1.49	1.40	9.04
	2010	12.88	21.47	17.43	1.63	1.08	8.89
	2015	14.07	21.08	19.64	1.37	1.13	10.49
	2020	13.19	20.99	20.58	1.19	0.70	9.71
#生产竞争力	1995	12.26	6.90	2.64	14.09	4.94	8.51
	2000	10.40	9.12	3.29	15.14	5.75	8.40
	2005	11.86	9.33	3.21	16.49	5.72	13.32
	2010	11.48	6.84	2.36	15.84	3.64	12.06
	2015	11.89	8.17	3.55	15.27	3.42	11.83
	2020	9.65	6.55	4.93	14.57	4.28	11.74
#消费竞争力	1995	15.36	9.72	9.91	14.48	13.66	10.25
	2000	16.80	11.15	9.85	16.11	15.87	12.48
	2005	16.35	10.61	10.31	16.08	14.88	12.13
	2010	15.97	10.60	9.93	16.00	14.88	12.16
	2015	15.59	10.76	9.93	15.19	15.24	12.21
	2020	14.58	11.15	9.69	15.64	17.43	12.33

（续）

指标	年份	中国	美国	巴西	德国	西班牙	俄罗斯
#贸易竞争力	1995	11.10	10.11	7.95	3.23	7.98	1.06
	2000	8.05	13.61	9.84	6.44	10.70	1.21
	2005	10.92	13.29	14.00	10.97	13.56	0.11
	2010	8.11	15.86	12.57	16.31	15.42	0.48
	2015	4.93	16.65	12.33	16.80	17.50	1.52
	2020	2.08	18.13	13.46	15.92	22.68	7.72

注：#表示该指标为二级评价指标。

生产竞争力。1995—2020年中国生猪生产竞争力略有下降，1995年评价指标值为12.26，2020年下降至9.65。同期，巴西、德国和俄罗斯生猪生产竞争力指标值有所上升，分别由1995年的2.64、14.09和8.51上升至2020年的4.93、14.57和11.74。美国、西班牙生猪生产竞争力呈下降趋势，1995年评价指标值为6.90、4.94，2020年降至6.55、4.28。

消费竞争力。中国猪肉消费竞争力有所下降，1995年评价指标值为15.36，2020年降至14.58。同期，美国、德国、西班牙和俄罗斯猪肉消费竞争力不断上升，其指标值分别由9.72、14.48、13.66和10.25上升至2020年的11.15、15.64、17.43和12.33。巴西猪肉消费竞争力略有下降，其指标值1995年为9.91，2020年下降至9.69。

贸易竞争力。中国猪肉贸易竞争力大幅下降，1995年评价指标值为11.10，2020年下降至2.08，降幅为81.26%。其他各国猪肉贸易竞争力均呈现出一定的上升趋势，美国、巴西、德国、西班牙和俄罗斯猪肉贸易竞争力指标值分别由1995年10.11、7.95、3.23、7.98和1.06上升至2020年18.13、13.46、15.92、22.68和7.72。

三、生猪产业国际竞争力分析讨论

（一）基于贸易视角与产业发展视角测算结果差异显著，基于产业发展视角的中国生猪产业国际竞争力排名高于贸易视角

基于贸易视角与产业发展视角测算得到的中国生猪产业竞争力评价结果存在明显差异（图 6-1）。基于贸易视角测算结果显示中国生猪产业缺乏竞争力，2020 年中国 3 个贸易竞争力评价指标在六国排名中居于末位。从基于贸易视角的国际市场占有率、贸易竞争力指数以及显示性比较优势指数 3 个指标测度结果看出，中国和俄罗斯排名始终位于后两位，缺乏国际贸易竞争优势且在不断弱化，而德国、美国和巴西国际贸易竞争优势较强，西班牙则具有极强的国际贸易竞争力。

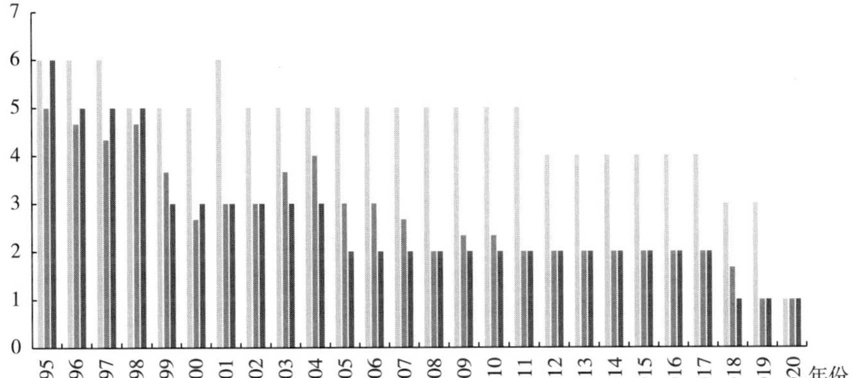

图 6-1　基于产业发展视角、贸易视角的中国生猪产业竞争力排名

注：产业发展视角、贸易视角及产业发展视角中贸易三项是按照“排名第一则赋值 6 分，后续排名赋值依次递减”方法赋分。贸易视角排名是国际市场占有率、贸易竞争力指数和显示性比较优势指数三者平均加权计算所得。

基于产业发展视角测度结果显示，2018 年、2020 年中国在六国排名中分别居于第四位、第六位。1995—2020 年其他考察国评价指标值

均有不同幅度的上升，只有中国评价指标值处于不断下降的状态，尽管中国 2018 年位列第四，其与第二、第三名差距极小。若综合往年测算结果，中国排名在第二位。但是受 2018 年下半年非洲猪瘟疫情影响，中国自 2019 年以来基于产业发展视角的评价指标值下降至末位。从分项竞争力来看，虽然 2020 年中国生猪产业贸易分项竞争力排名在最末位，但由于资源禀赋竞争力、生产竞争力和消费竞争力均位于六国排名的第三位，大幅拉高了中国生猪产业国际综合竞争力。因此基于产业发展视角测算的中国生猪产业具有一定的竞争力。

（二）中国资源禀赋、生产和消费竞争力处于优势地位，推升中国生猪产业国际综合竞争力

1995 和 2020 年中国生猪产业分项国际竞争力评价情况见图 6－2。

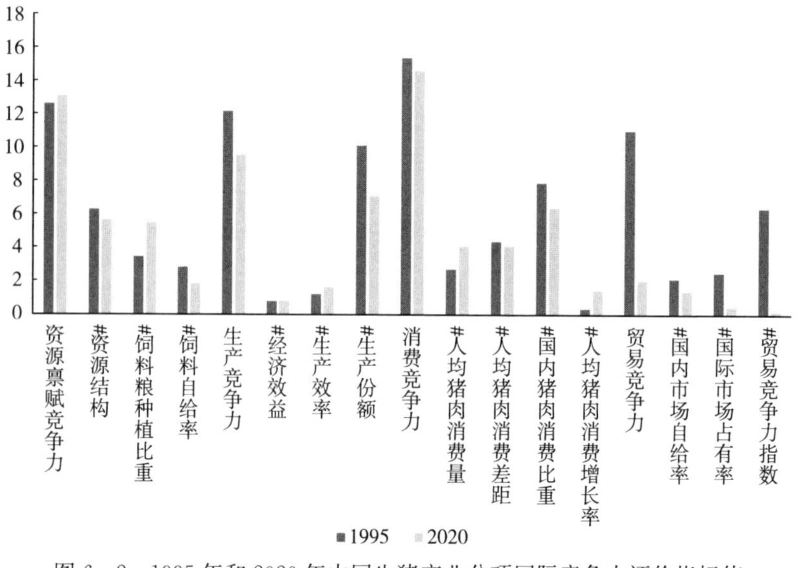

图 6－2　1995 年和 2020 年中国生猪产业分项国际竞争力评价指标值

注：#表示该指标为三级评价指标。

1. 中国猪肉消费竞争力极为强劲，是中国生猪产业国际竞争力主要推升力量

1995—2020 年中国消费竞争虽然优势明显，但评价指标值由

15.36 下降至 14.74。2018 年之前中国猪肉消费竞争力排名第一，2018 年被西班牙以 16.86 微弱优势超越后排名第二，受非洲猪瘟疫情影响，2019—2020 年降至第三。总体来看中国消费实力强劲，与中国猪肉消费大国的地位相符。其中，人均猪肉消费量和人均猪肉消费增长率指标值存在一定上升趋势，分别由 1995 年的 2.75 和 0.23 上升至 2020 年的 3.17 和 1.48。随着中国城乡居民收入水平的不断提高以及畜牧业生产结构的调整优化，肉类消费结构也在逐步调整，鸡肉等替代品消费占比上升，猪肉消费占比有所下降，指标值从 1995 年 7.96 下降为 2020 年 5.24。

2. 中国生猪产业生产竞争力较强，且仍有进步空间

1995—2020 年中国生产竞争力略有下降，评价指标值由 12.26 降至 9.65，排名由第二降至第三，总体来看具有较强的竞争优势。中国生猪生产效率评价指标值存在一定上升趋势，由 1995 年的 1.24 上升为 2020 年的 1.67，但生产份额指标值有所下降，分别由 1995 年的 10.20 下降至 2020 年的 7.14。中国生猪经济效益优势不显著，单位生产成本偏高。虽然近几年中国生猪规模化养殖推进较快，养殖方式也在不断创新，生猪饲养技术水平显著提高（王祖力等，2011；辛翔飞等，2011），但是与其他五国仍有较大差距。2020 年中国生猪生产效率和经济效益分别位于考察国第六位、第四位，生产效率指标值仅约为美国和俄罗斯的 40%；经济效益指标值约为巴西的 36%、俄罗斯的 24%。中国生猪生产效率和经济效益需要进一步提高。

养殖规模是影响畜牧业生产效率的重要因素（Xin et al.，2016；郭利京和林云志，2020）。为了发挥规模优势，中国生猪产业组织模式正由散养和小规模养殖向中、大规模养殖转变，但当前中国生猪散养及小规模养殖比重仍居高不下，年出栏 500 头以下的养殖场户的养殖量占比仍超过 50%。散、小规模养殖户的专业化和标准化水平相对偏低，不仅抵抗市场风险和自然风险能力较弱，而且偏小的生产规模不利于先进的养殖设备和管理经验的应用，也同时限制了先进品种和先进技术的推广，影响了生产效率的提升。

3. 中国资源禀赋存在一定优势，但饲料粮自给率偏低

1995—2020 年中国资源禀赋竞争力排名虽然由第二降为第三，但评价指标值总体呈上升趋势，由 12.77 上升至 13.19，总体来看存在一定竞争优势。其中，饲料粮种植比重评价指标值小幅上升，1995 年为 3.54，2020 年上升为 5.57；但资源结构评价指标值与饲料粮自给率明显下降，指标值分别由 1995 年的 6.36、2.79 下降至 2020 年的 5.72、1.90。饲料粮自给率是用饲料粮产量和饲料粮消费量①的比值来表现的。饲料粮自给率越高，说明饲料粮供给越稳定。测算结果显示，中国饲料粮自给率逐年下降，由 1995 年 96.18%下降到 2020 年的 71.53%。生猪养殖过程中，饲料粮是最主要的要素投入，饲料成本约占生猪生产总成本的 50%～60%，其中，作为饲料主要构成的玉米和豆粕成本超过饲料总成本的 75%。尽管中国饲料粮产量逐年上升，但消费增速明显快于生产增速，饲料粮生产难以满足国内越来越大的饲料粮需求（Huang et al.，2020）。2020 年饲料粮产量和消费量分别较 1995 年上涨了 123.34%和 200.29%。另外，中国机械化水平与欧美国家存在一定差距，粮食生产效率较低，加之受国内外粮价倒挂影响，饲料粮进口量激增（辛翔飞等，2018）。

（三）中国生猪产业贸易竞争力处于竞争劣势，拉低中国生猪产业国际竞争力

猪肉进口量逐年攀升，中国猪肉长期保持贸易逆差。中国生猪产业贸易竞争力处于劣势地位且不断下降。贸易竞争力排名由 6 个考察国的首位退为末位，由极具优势逐渐转变为竞争劣势。猪肉大量进口，与国内外猪肉价格差距逐渐加大密切相关。中国生猪饲养技术水平、饲料等生产要素价格与发达国家还有一定差距，国内生猪饲养高成本与欧美主要猪肉出口国养殖低成本形成明显对比。2020 年中国

① 饲料粮以玉米和大豆为主；饲料粮消费量为饲料粮产量与饲料粮净进口量加总计算所得。

进口猪肉价格平均为 17.70 元/千克，而国内猪肉价格为 52.50 元/千克[①]。同时，中国人口基数大，城乡居民有显著的猪肉消费偏好，猪肉消费量占肉类总消费量的 50%以上，生猪产能即使完全被国内消耗后仍有一定缺口，国内生猪产业仍有一定发展空间。但近年来，中国生猪产业发展受环境约束、土地资源短缺以及非洲猪瘟疫情等影响，产业发展受到制约，生猪存栏减少，产能下降。此外，国内产能不足加上在国际市场上的价格劣势会进一步加剧国外生猪产业对本国产业的冲击，造成竞争力水平的进一步下降。

四、生猪产业国际竞争力总体评价及展望

基于生猪产业发展视角，本研究构建了包含资源禀赋竞争力、生产竞争力、消费竞争力和贸易竞争力 4 个一级评价指标和 13 个二级评价指标的生猪产业国际综合竞争力评价指标体系，利用 1995—2020 年生猪产业相关数据，对中国、美国、德国、巴西、西班牙、俄罗斯等生产、消费和贸易大国生猪产业国际综合竞争力进行评价，并与传统的基于贸易视角的生猪竞争力评价结果进行对比分析。基于贸易视角与产业发展视角的测算结果存在较为显著的差异。基于贸易视角的测算结果显示，中国生猪产业国际竞争力较弱，国际市场占有率、贸易竞争力指数和显示性比较优势指数均低于美国、德国、巴西和西班牙。基于产业发展视角的测算结果显示，中国生猪产业国际竞争力总体实力较强，资源禀赋及消费竞争力指标优势显著。资源禀赋竞争力指标中，饲料粮种植比重提升最为显著，但资源结构、饲料粮自给率水平有所下降；生猪生产竞争力中，生产份额虽有明显降低但仍是拉升竞争力的重要因素，经济效益变化较小，生产效率小幅提升；消费竞争力指标中，人均猪肉消费增长率与人均猪肉消费量有较明显的提高，人均猪肉消费差距和猪肉在肉类消费中比重有所降低；

① 国内猪肉价格数据由农业农村部对全国 500 个县集贸市场的定点监测周数据计算所得。

贸易竞争力指标中，国内市场自给率、国际市场占有率以及贸易竞争力指数均呈现出显著的下降趋势。

基于国内生猪产业发展现状及国内国际双循环的战略要求，中国生猪产业应充分发挥巨大的内需优势，提高生猪生产效率，提升生猪产业国际竞争力水平，实现生猪产业高质量发展。一是提高生猪种业创新能力。良种是推动生猪产业高质量发展的重要基础，是提升生猪产业竞争力的关键因素。建议坚持实施生猪遗传改良计划，加强生猪种质资源保护，加大对地方猪遗传资源保护利用工作。进一步加大政策支持和资金投入力度，建设现代化、高水平、高标准的公共育种平台。发挥科研院所和高等院校的人才优势，逐步发展和完善生猪良种繁育体系，保障优良种猪供给。二是提高生猪生产效率。大力推进标准化养殖基地建设，完善产业基础设施，推广先进设备配套的规模化养殖场，充分发挥规模化养殖在提高资源利用率和综合生产力上的优势。加强动物科学及医学领域科研攻关，优化饲料配比，在增强生猪抗逆性的同时进一步提高料肉比。借鉴国际先进经验，鼓励养殖企业向“饲料—繁育—养殖—屠宰—加工”全产业链模式发展，促进产业链效率提升。三是稳定生猪生产饲料的供给。饲料产业健康发展对生猪养殖现代化的发展以及生猪产业竞争力水平的提高具有重要作用。努力降低养殖业上游的饲料成本，提升饲料粮生产效率，降低大豆进口集中度，减少进口不稳定冲击。健全大豆玉米等饲料原料价格预警体系，稳定中国生猪饲料市场供求平衡。四是建立生猪产业风险防范机制。当前生猪生产仍受非洲猪瘟、猪蓝耳病等疫病冲击，生猪产业面临严重的市场风险冲击，建议建立完整的生猪产业风险防范机制。市场风险规避方面应探索农业保险新形式，提高养殖保险补贴标准，增强养殖场风险承受能力。另外要充分发挥行业协会的组织作用，加强市场风险预测，发挥行业调控能力。在防疫方面要加强对生猪养殖、运输、屠宰等全链条的监管，建立现代动物疫病监测实验室，提高疫病风险防范能力，从而减小疫病以及市场双重风险对生猪产业的冲击。

第七章　生猪产业发展前景判断及对策建议

中国是世界最大的生猪生产和消费国。改革开放初期，猪肉消费量占居民肉类总消费量比重约为 85%，后期虽有所下降，但目前仍超过 50%，长期处于绝对主导地位，是中国城乡居民最重要的肉类供给来源。“猪粮安天下”，生猪产业对保障民众肉类消费、保持经济平稳运行具有重要意义，也为农民就业增收发挥着重要支撑作用，是关系国计民生的重要产业。进入“十四五”发展阶段，受非洲猪瘟疫情、新冠肺炎疫情以及国内外宏观经济环境变化影响，生猪产业发展的形势和趋势、面临的问题和挑战等均发生了显著变化，生猪产业正处于转型升级的关键期，其在保障农产品有效供给中的任务依然艰巨。本研究在剖析中国生猪产业发展存在的问题，梳理国际生猪产业发展积累的有益经验，研判中国生猪产业发展前景的基础上，就如何推动生猪产业转型升级和实现稳定发展提出对策建议。

一、中国生猪产业发展面临的问题和挑战

（一）价格和产量异常波动频次增多、幅度加大，产业监测预警应急反应机制有待进一步完善

影响猪周期的因素包括内在机制和外部冲击两大方面。由于生猪生产需要一定的时间阶段，供给端无法即时改变生产数量，所以供应

数量相对于市场价格的调整会出现延迟。由于供给需求不平衡导致猪肉价格周期性变化，从而形成猪周期。1985 年国家放开生猪市场购销价格管制以来，受内外部因素影响，中国生猪生产和价格主要经历了 8 次异常波动。生猪市场价格周期性波动以及“肉贵伤民”与“猪贱伤农”现象交替出现，猪周期异常波动频次增多、幅度加大，对稳生产、保供给和促增收造成巨大冲击和威胁。一是对于消费端来讲，猪肉价格上涨直接拉动 CPI 上升。表现较为明显的是 2011 年和 2019 年。国家统计局发布数据显示，2011 年 5 月猪肉价格涨幅达到 40.4%，对 CPI 的“贡献”接近 20%；2019 年猪肉价格 10 月上涨 101.3%，对 CPI 整体带动接近 64%。二是对于供给端来讲，价格大幅下跌会对广大养殖场户造成沉重打击。轻者会挫伤养殖场户的积极性，重者会对养殖场带来沉重的债务负担。特别是一些小型养殖场或者散户抗风险能力差，造成的影响更加严重，不利于产业健康发展。从历次生猪价格周期波动来看，存在预警滞后、失灵的问题，监测预警体系和机制还有待进一步完善。

（二）疫病防控能力明显不足，疫情冲击成为生猪周期异常波动的最主要因素

2006 年以来生猪生产和价格的历次异常波动主要是由于动物疫情等外部随机性因素冲击导致。其中，2006—2007 年的波动主要是由猪蓝耳病引致，2010—2011 年的波动主要是由口蹄疫和仔猪流行性腹泻引致，2018 年以来的波动主要是由于非洲猪瘟引致。最近一轮生猪周期异常波动过程中，受非洲猪瘟疫情叠加新冠肺炎疫情影响，2019 年猪肉产量波动幅度创历史新高，降幅达到 21.3%，远高于 1996 年的历史最高降幅 13.4%。改革开放以来，畜牧业疫病防控体系虽然有了一定发展，但面对生猪疫病的多发态势，生猪养殖疫病防控能力明显不足，疫病冲击仍是导致生猪生产和价格波动的最主要因素。一是动物疫情报告系统尚不能满足疫病防控需要。近年来，动物疫病防控新规新制陆续出台，科技水平日渐提升，相应的人力、物

力、财力投入显著增加，但从包括2018年非洲猪瘟疫情在内的历史上多次重大动物疫情的暴发、扩散来看，疫情报告方式单一、快速报告通道缺乏导致动物疫情报告系统反应迟钝的问题突出，以及担心疫情的公布会影响到当地畜牧业正常发展、扑杀染疫动物经费不足、影响地方政府官员政绩等导致迟报、瞒报、漏报现象严重。二是基层防疫力量极其薄弱。动物防疫体系不仅没有随着畜牧业生产规模扩大而加强，反而有所弱化。2018年新一轮政府机构改革后，县市级畜牧兽医局并入农业农村局，成为农业农村局的内设职能部门或者合署办公，乡镇畜牧兽医站人员多被并入乡镇农业农村服务中心，基层畜牧兽医管理人员大幅减少，且在岗人员从事疫病防控、技术服务的时间明显下降，基层动物防疫工作受到很大影响。农村基层动物防疫体系普遍存在待遇偏低，队伍不稳，专业人才匮乏，疾病诊断、化验设备等基础设施短缺落后等问题。三是生物安全防控体系建设滞后。生猪养殖规模化、标准化水平虽然已有很大程度的提升，但生猪养殖主体的生物安全意识总体较为淡薄，尤其是许多中小生猪养殖场缺乏严格的隔离措施和消毒设施，疫病防控主要靠疫苗，大量中小养殖场的生物安全体系建设亟待加强。

（三）产业调控顺周期多逆周期少，扶持政策的预见性、精准性有待进一步增强

从历程回顾可以看到，生猪产业发展取得巨大成就离不开各个阶段国家出台的一系列政策支持，但在生猪生产和价格异常波动的调控上，扶持政策的预见性、精准性有待进一步增强。周期波动是客观存在的，过度波动才是需要高度关注和强力避免的。在市场经济条件下，生猪市场的正常波动是市场机制配置养猪资源的客观表现，这种表现符合市场经济运行规律。市场规律能调节的，要依靠市场调节，市场波动过大、自身难以调节的，才需要动用财政支持政策。产业扶持政策不能来回摇摆，不能反应过度，也不能反应滞后。从历次生猪生产和价格大幅波动的应对措施来看，存在顺周期调控多、逆周期调

控少的问题。当生猪供需关系偏紧、价格上涨时，出台补贴措施属于顺周期调控，可能在短时间内促进生猪供需实现平衡，但从中长期来看，当生猪价格上涨时，如果依靠市场力量就可以实现猪肉的供需平衡，顺周期调控则会导致下一轮市场价格下跌的放大。调控政策应找准症结、开对药方。2018 年 8 月以来生猪大幅波动的症结在于生物防控体系薄弱、非洲猪瘟疫情严重影响生产，具体实践中着力加强生物防控体系建设应对疫情冲击是科学的决策选择，但通过大规模新增养殖场扩大养殖规模会造成疫情得到基本控制后的产能严重过剩，从而导致新一轮的生猪价格大幅度回落。

（四）国际竞争压力加大，宏观经济等外部环境的影响不容忽视

近年来，中国猪肉进口数量急剧增加。在进口猪肉持续高位的情况下，2020 年又实现大幅增长，猪肉进口 439.2 万吨，较上年增长 108.3%。中国与欧美发达国家生猪生产成本优势反转是国内外猪肉价格倒挂乃至价差扩大，以及竞争力不断下降的主要原因。中国生猪生产成本从低于欧美发达国家转变为高于欧美国家，系由国内生产成本增长、国外生猪生产成本下降两方面因素导致。从育肥环节来看，仔猪、饲料、人工等生产投入要素价格上涨是导致国内生产成本上升的主要原因。虽然欧美发达国家人工价格也有明显上涨，但其仔猪、饲料价格下降以及人工投入数量下降共同促进了生产成本的下降（何泽军等，2020）。此外，饲料转化率也一直是导致中国与欧美发达国家生猪生产成本差异的重要原因，中国生猪育肥环节饲料转化率为 3.2 左右，而欧美发达国家可以达到 2.5 左右（高海秀等，2020）。生产技术和效率是决定仔猪成本、劳动生产率、饲料转化率高低的深层次原因。中国每年每头能繁母猪出栏育肥猪数量（Market pigs/Sow/Year，MSY）平均水平为 16 头，水平高的可达到 20 头，而欧美发达国家普遍在 20 头以上，水平高的可达到 30 头以上（王明利，2018；朱增勇等，2020；高海秀等，2020）。从种猪到商品猪生产全

过程的专业化、标准化、智能化、市场组织化程度是决定生猪生产技术和效率的重要因素，中国在上述方面与欧美发达国家存在较大差距。此外，国民经济增速、饲料粮价格等外部环境和因素的变化亦显著影响产业发展。中国生猪生产和价格的多次大波动都发生于GDP高速增长时期，历史上每当GDP增速超过10%时生猪生产和价格都要经历一次大的高峰期。饲料成本约占生猪养殖成本的50%～70%，饲料价格的变动影响生猪养殖利润，再影响生猪生产的波动，进而通过供需关系影响生猪价格的波动。当前，中国经济正处于高质量发展新阶段，猪肉产业发展的内外部环境都发生了显著变化，其给生猪产业发展带来的挑战不容忽视。

（五）缺乏合理的种养布局，养殖废弃物污染治理压力长期存在

从历史维度看，种养结合模式支撑了中国传统农业几千年的发展，但伴随着改革开放以来传统畜牧业向现代畜牧业发展阶段的转变，种养主体、种养规模和种养布局都在逐渐分离。畜牧业和种植业渐行渐远，导致畜牧业通过粪肥还田改善耕地质量的生态价值流失（郭庆海，2021）。而且，目前规模化、集约化已经成为中国畜牧业的显著特征，与其相伴而生的则是大量养殖粪便集中排放对生态环境带来的压力日益突出，对包括生猪产业在内的整个畜牧业的可持续发展形成严重制约。2014年以来国家层面出台了一系列法律法规和政策措施推进畜禽粪便资源化利用，2020年资源化利用率提高到76%。但由于缺乏合理的种养布局，大量养殖粪便集中排放但缺乏匹配耕地消纳的问题仍然突出。例如，养殖大省山东以1.6%的国土面积养殖着全国近10%的畜禽，承载着全国近10%的畜禽粪便排放，环境保护和治理压力巨大（杨景晁等，2020）。同时，种养布局错位还导致耕地肥力不足问题与养殖粪便污染环境问题长期并存。例如，因有机肥长期施用不足，东北黑土地耕作层有机质含量平均下降1/3，部分区域甚至下降1/2（郭庆海，2019）。从微观层面来看，在供给端的

养殖场户普遍存在因缺乏配套耕地或者配套耕地严重不足而无法就地还田的问题，在需求端的种植户尤其是大田作物种植户普遍存在因粪肥施用过程中劳动力投入过高而导致的成本收益不经济的问题。随着畜禽养殖总体规模的进一步扩大，畜禽粪便污染的压力长期存在，同时绿色发展背景下愈加趋紧的环保约束是生猪产业发展面临的新常态。

二、国际生猪产业发展经验借鉴

（一）推进规模化、集约化饲养，提升供给能力

世界生猪养殖业发展规律主要表现为养殖场户数量的大幅减少，以及单体规模的持续扩大，持续提升规模化水平、实现规模经济，这也是生猪养殖业发展的必然趋势。从国外代表性国家生猪产业发展脉络可以看到，其基于本国的自然资源、科技水平、市场环境等条件逐步建立了适合各自国情的规模化、集约化生猪养殖模式，大致可以分为以下两大类：

第一类是重点发展单体大规模生猪养殖场。这一模式下生猪养殖的共性特征是具有丰富的自然资源、雄厚的资本实力和强有力的科技支撑，美国、加拿大和俄罗斯等是该模式的典型代表。

美国生猪养殖规模化进程从 20 世纪 80 年代启动并加快推进，尤其在 20 世纪 90 年代规模化进程最为快速，并在 2010 年前后进入成熟稳定期。美国农业部研究报告 308 期（USDA Economic Research Service No. 308）显示，近三十年来，约一半的小型和中型生猪养殖场户关闭，而大型生猪养殖场户的数量几乎翻了一番，大型生猪养殖场户的产能占美国生猪产能 72%以上。据美国农业部统计数据，1980 年美国生猪养殖场户数约为 66.7 万户，年末生猪存栏为6 446.2 万头，平均年存栏量为 96.6 头；2010 年前后，美国生猪养殖场户数量降至 6.6 万个，平均年存栏量达到 1 000 头左右；2020 年以来，美国生猪养殖场户数量稳定在大约 6.0 万家，平均年出栏量约 1.1 亿头。

加拿大同美国情况相似。进入20世纪90年代，加拿大人口老龄化和农户非农收入提高促使小规模养殖场户退出，中、大规模养殖场着力节本增效，生猪规模化养殖开始发力，猪场户数量持续缓慢减少，平均养殖规模快速上升，并在2010年前后进入成熟稳定期。整体来看，加拿大养殖场规模大，养殖管理人员少，机械化程度高，管理水平先进，生产效率高。

俄罗斯生猪规模化养殖起步较晚，但发展迅速。俄罗斯政府鼓励生猪规模养殖企业的发展，出台了惠及生猪规模养殖企业的政策，如发放投资贷款支持建设养殖场、饲料生产、屠宰加工和遗传育种中心等。虽然俄罗斯注册养猪公司超过400家，但生猪生产主要集中于数量较少的集饲料生产、生猪养殖和肉品销售一体化的生猪集团企业。2005年，俄罗斯存栏在200头以上的规模化生猪养殖场户出栏生猪比例为28％，而到2020年，这一比例上升到约90％，前十强的养猪企业出栏生猪数量占比超过50％。

第二类是重点发展适度规模化家庭养殖场。该模式下生猪养殖的共同特征是受土地等自然资源及劳动力资源约束趋紧，无法按照美国和俄罗斯等国模式发展单体大规模生猪养殖场，因而发展适度规模化家庭养殖，并通过不同产业化组织模式的横向联合实现生猪规模化发展。欧盟是该模式的典型代表。

欧盟各国主要是通过发挥养殖行业协会的作用，培育、服务和联结家庭农场来实现规模化养殖目标，其在高校、研究所技术体系的有力支撑下，形成产业化组织程度较高的“公司＋养殖场户＋客户”集团、经济联结体或区域性合作社。农业合作组织有效地组织整个养殖业。合作组织作为一个集体对单个养殖场、生产者进行全方位的支持，使得单个养殖场户能够共享集体技术管理平台。以丹麦为例，丹麦生猪产业组织化水平较高，形成了合作社、家庭农场、各类协会和联合会，以及咨询服务机构等多种主体相结合的特色组织体系。其一，丹麦的生猪养殖场户以参股获利的方式加入合作社，出栏生猪由合作社统一收购、屠宰、加工、销售，合作社将分散的生猪养殖场户联合起来纳入整个生猪产业组织体系，更好地发挥产业链协同作用。其二，丹麦养猪和屠宰联合会由养殖场户以及屠宰企业组成，负责制定行业发展规划、为生猪养殖场户提供技术服务、基于产业发展提出政策建议等，最大限度地保障生猪养殖场户的利益。通过生猪生产合作社以及协会等互助组织，实现了生猪产业链的各个环节的有机衔接，以及各经营主体间的利益共享和风险共担，显著提升了丹麦生猪产业国际竞争力（张滢，2016）。

（二）鼓励专业化分工和协作，提升生产效率

专业化分工和协作是欧美发达国家畜牧业发展的共同趋势和普遍特征。传统养殖场大多属于繁育一体化经验模式，包含了从种猪繁育到肥猪出栏的所有环节。规模化养殖场更多的是依据生猪的生长周期实行专业分工，不同养殖环节由不同主体独立经营。养种猪的专心致志养种猪，搞育肥的心无旁骛搞育肥，甚至有的养殖场专门从事断奶后仔猪保育，可谓“铁路警察，各管一段”。

美国生猪养殖场多是根据猪的生长周期分为种猪培育、仔猪哺育、育肥猪喂养三阶段专业化饲养，形成了三类生猪饲养企业：一是繁育一体化企业，企业将猪崽全程饲养至屠宰体重（100～120 千克）。二是仔猪育成企业，生猪从出生饲养至 5～27 千克出栏。三是育肥企业，购买育肥猪并将其饲养至屠宰体重。三种企业类型中存在部分重叠，但专门从事单个生产阶段的生产模式逐渐取代了从分娩到育成的全程饲养模式。加拿大与美国情况类似，生猪生产全过程分为配种、妊娠、产仔、保育、育肥五个阶段，产仔、保育、育肥实行单元式全进全出，有利于实现各阶段的标准化生产。

专业的育肥农场与自繁自养农场相比，在饲料、人工及生产管理等方面成本消耗更低，有效提高了生猪的生长速度，降低了发病率和死亡率，减少了防疫医疗费用。根据美国农业部统计数据，专业育肥养殖场户饲料转化率比自繁自养养殖场户要高出 1.65 倍，人工效率高出近 4 倍，总生产成本可减少 37%。1992 年美国垂直一体化生猪

养殖场占比超过60%，2022年占比下降到不足20%。德国的情况大致相同，2017年2.45万家生猪养殖场户中，垂直一体化自繁自养养殖场比例不到三分之一。

（三）高度重视先进生产技术研究与推广，强化科技支撑

发达国家政府高度注重农业科技，通过构建以政府为主导，养殖场、企业和个人等多元化的农业技术推广体系，确保更广范围的经营主体接受科技培训并加以实践，极大地推动了畜牧业的发展。

一是国家高度重视农业研究与推广工作，对生猪产业发展起到了重要推动作用。例如，在加拿大，构建了庞大的、分布广泛的农业科学研究网，并拥有大批科研人员。加拿大联邦农业部的研究司下设八个研究所，其中六个在渥太华，动物研究所是其中之一，专门从事动物生产方面的课题研究。研究司还在全国各地设有几十个研究站和实验农场，结合当地的实际情况开展相关领域的课题研究。在美国，生猪养殖场规模的迅速扩大进一步增加了对高水平专业人员的需求和依赖，几乎所有大型养殖场都聘请兽医师、营养师为顾问，或直接聘请为农场经管人员。此外，美国的大学和研究机构都有自己的推广体系，大多数专家都亲临生产一线，指导生产，结合实际推广最新的科研成果和管理经验，其所传授的技术、推广的经验都与生产实践紧密结合，卓有实效。2020年美国生猪出栏率较2000年提升了3个百分点，达到170.27%。每年每头能繁母猪出栏育肥猪数量（MSY）从2000年的15.72头增长至2020年的21.50头，增长了36.76%，生猪平均出栏体重从2000年的118.84千克增长至2020年的131.09千克，增长了10.31%（表7-1）。在日本，通过加强大学、研究机构与农业企业之间的合作，在产品加工技术、扩大饲料生产基地和提高生产力、家畜卫生对策这三个方面联合展开研究并将新技术应用到实践中，从而大大减轻畜牧业从业人员的工作负担，并降低饲养成本。在韩国，重视培育农业企业的科技创新能力，在财政和税收方面对农业科技创新型企业的创新活动给予大力扶持。例如设立“公共技术创

业基金”加大对包括农业在内的公共技术的扶持力度，2017—2020年该基金资助总额达到1 500亿韩元（周娜等，2021）。同时，韩国注重推动项目成果转化，使得农业科技创新投入产出比较高，并使农业科技创新成果的价值得以提高。在澳大利亚，建立完善的农业科技推广服务体系，政府部门、科研教育机构、产业组织、私营机构紧密协作，加快农业科技成果推广转化，促进新装备、新品种、新技术在农业生产中迅速应用，农业科技成果转化率达到80%左右，处于世界较高水平。

表7-1　美国生猪饲养关键技术参数

年份	存栏率（%）	出栏均重（千克/头）	每年每头能繁母猪出栏育肥猪数量（MSY）
2000	165.12	118.84	15.72
2005	169.86	122.02	17.32
2010	170.45	123.38	18.85
2015	170.68	128.37	19.44
2020	170.27	131.09	21.50

数据来源：根据FAO、NASS数据整理。

二是各国重视养殖技术研发推广的同时，也重视畜牧种质资源开发等基础工作。以加拿大为例，加拿大畜禽种质资源保护起步较早，1905年制定的《动物系谱法案》是指导全国畜禽育种的基础性文件。该法案通过政府授权成立畜禽品种协会，对遗传性状优良的畜禽品种（纯种）进行登记注册，以保障畜禽养殖者和买家的经济利益。在加拿大境内所销售的畜禽品种或在各个品种协会登记注册的品种，均受该法案的约束和保护。具体到生猪育种，早在1907年前后，加拿大就建立种猪后裔测定站，对种猪资源开始调查、收集、保存、开发和研究。首先由加拿大农业部种猪改良中心牵头建立国家标准对种猪的遗传性能进行评估，并建立相关数据库。每年免费为各育种猪场提供测定人员的技能培训，对考试合格者发放测定证书，有测定资格证者才能从事遗传性能测定的相关工作，资格证的有效期为一年。下属成员企业（各育种场）以电子农场的形式参与到这套网络系统的终端，允许用户创建和编辑种猪的清单，以及以遗传评估为目的进行数据录入，查阅相关数据，也便于育种改良中心协助猪场进行品种改良和育种值的预估等。加拿大生猪的优良性状显著提升了生猪养殖效率，实现了更低的料肉比。近二十年来，加拿大生猪存栏量增加了四分之一，但猪肉产量已经实现翻番，每年每头能繁母猪出栏育肥猪数量（MSY）增加了25%～30%（周磊等，2021）。

（四）多渠道进行资源配置，保障饲料供给

饲料是衔接种植和养殖的中间环节，饲料成本占养猪总成本的60%～70%。基于中国人多地少、人畜争粮的现实国情，多渠道进行资源配置，保障饲料供给尤为重要。发达国家一般通过扩大本国产能、调整种植结构以及适当进口等方式满足本国养殖业饲料需求。

一是以订单形式稳定种植面积。美国生猪养殖集中的中北部玉米带和南部北卡罗来纳州，均是其国内重点的玉米生产区域，谷物饲料原料价格低。同时，美国饲料生产机械化程度高，大型谷物收割机械、饲料加工机械、送料机械、耕作机械一应俱全。大型饲料企业通过与农场主签订生产订单来组织生产、加工和销售，农场从种植制度安排到生产、销售等各个环节都高度重视种养结合。此外，美国从事商品饲料生产的企业通常也与养殖企业实行订单生产，通过合约形式将饲料生产和生猪养殖有效绑定。

二是调整种植结构适应畜牧业发展。美国、巴西和阿根廷等国家积极调整本国种植业结构，扩大饲料用粮种植面积，保证养殖发展所需的饲料供应。同时，大力种植牧草作物和建设人工草场，用以发展草食畜牧业。美国牧草种植面积维持在2 500万公顷以上，近20年干草产量维持在每年1.4亿吨，青贮作物产量达1亿吨以上，饲料用粮和牧草种植产业产值是人用口粮产值的4倍。

三是多途径强化畜牧业饲料扶持政策。日本和韩国等国家由于农

业资源相对短缺，畜禽养殖饲料缺口大，需要通过多种途径稳定国内畜牧业饲草料供给。韩国政府主要通过支持饲料生产、加工和供应以及扩大饲料生产用地等“一揽子”计划来支持饲料生产规模的进一步扩大。资金用于补助饲料生产，如青贮饲料生产、饲料种子、设备和机器（张振玲，2020）。同样，日本对饲料工业的发展予以积极扶持，对一些涉及饲料工业的原料给予税收减免，如混合饲料用的进口玉米可以享受税收优惠，但必须与鱼粉等蛋白原料混合，以确保玉米的用途不发生改变（杨昌明等，2012）。上述措施既支持了饲料行业的发展，又避免了国家税源的流失。同时，日本对于畜牧业生产出台多项扶持政策。此外，日本和韩国充分利用国际农产品市场，通过进口部分粮食和饲料满足国内生猪养殖业发展的需要。

（五）构建种养结合循环发展农牧系统，实现环境友好

养殖业与种植业综合协调布局，从而实现养殖粪污通过种植业消纳进行资源化利用，是发达国家解决畜牧业环境污染的主要思路。发达国家根据土地承载力严格管控养殖规模，针对不同土壤基础条件制定粪污还田方案，确保生态环境的友好及养殖业与种植业的协调发展。国家层面出台了较为系统的畜禽养殖粪污防治政策及措施，主要涉及以下几个方面：

一是制定了系统性的种养结合法律法规。美国自 20 世纪 60 年代起，针对畜禽养殖污染问题就制定了《公共健康服务法》《食物与农业法》。通过立法将粪污分类处置，分别从政府部门与企业团体两个维度制定畜禽粪便管理标准；在《清洁水法》《环境法》等多个角度对粪污排放制定严格标准；鼓励大型养殖场转型为农牧结合型农场，科学制定种养方案，严格落实“以养定种”的目标，合理分配养殖与种植资源，使“草、料、肥”三种形态的产品形成良性循环，以解决养殖业粪污处理问题。美国针对农牧结合研发了畜禽粪便运输和利用、动物尸体堆肥处理的技术及其设备，基于种养结合原则制定畜禽粪便综合养分管理计划（CNMP），所有大规模养殖场必须制定和实

施CNMP，中小规模养殖场自愿实施。对于畜禽粪便的定性、使用及市场投放都有相应的管理措施。欧盟《硝酸盐指令》《饮用水指令》对畜禽环境污染在法律上作出严格规定，各国将欧盟《水框架指令》中关于农业上的硝酸盐排放的规定和《工业排放指令》中关于畜禽养殖的规定都写进了本国法律中（鲁苏娜，2019）。

二是实行了先进的配套技术。欧盟国家根据不同养殖类型确定了养殖动物单位，严格规定养殖场必须拥有1公顷的农作物才能饲养1.7个动物单位。同时，配套研发了粪污氨减排技术，通过减少动物养殖粪便的漏缝地板面积，并将漏缝地板下的粪污收集系统改为“V”字形构造，有效降低粪尿贮存表面积，实现了减少15%～25%的氨排放。此外，欧盟国家还研发了粪浆冷却处理工艺以降低氨排放强度，粪浆冷却可以减少氨排放30%。推广粪浆酸化技术，采用工业硫酸与粪浆混合，降低粪浆pH至5.5以下，之后酸化粪浆采用注入式或半注入式施用方式施入土壤。

三是通过市场行为引导粪污处理。对于西欧传统农业发达国家，如荷兰在1984年提出养殖的生产权，先后发布了《动物粪便法》《畜禽养殖污染防治可行技术》等法规与技术规程，严格实施配额养殖制度与粪污排放定量申请，超出额定的部分必须缴纳粪污处理费；同时建立畜禽粪污交易市场，鼓励企业投资大型粪污处理厂，集中处理过剩粪污，对于剩余粪便采取统一管理、定向分流，将畜牧业发达地区过剩的粪便向需要粪肥的大田作物生产区输送，甚至出口到国外。

四是出台相关经济激励政策。对企业购买环保设备、实施粪尿资源化利用、粪尿无害化处理等环保行为给予直接补贴、贷款、税费减免等方面的经济激励，对过度施肥等行为实施征税等经济惩罚；或是通过补贴及政府直接参与的方式，将集中排放的粪尿运往具有消纳能力的地区。从金额分摊比例来看，发达国家政府是畜禽养殖粪尿排放污染治理成本的主要承担者。例如，在日本，国家、都道府和养殖场户分别承担畜禽粪污处理设备建造及运行费用的50%、25%和25%，极大降低了养殖场户负担（余海波等，2015；张园园，2019）。

（六）高度重视疫病防控和生物安全体系建设，筑牢产业安全屏障

随着规模化、集约化养殖的持续推进，动物疫病风险加大，尤其家畜、野生动物及其产品的流通加剧了动物疾病的远距离传播，甚至在国家之间传播，对畜牧业安全发展造成重大威胁。非洲猪瘟在全球30多个国家暴发过，已经流行百年，但一直缺乏有效疫苗。从全球来看，疫病冲击是造成生猪生产和价格波动的重要因素。为了减少疫病暴发，发达国家不仅制定了动物防疫法和兽医法，完善重大动物疫病应急计划，而且制定了完备的动物疫病防控管理体系和管理机制。

一是制定了完备的动物防疫法和兽医法。自20世纪90年代中期以来，不少国家和地区频频发生严重畜禽传染病，促使各国对原有的动物防疫与兽医管理制度进行了一系列改革。美国、德国等国家在畜牧业发展过程中制定了完备的动物防疫法，拥有包括动物饲养、屠宰、加工及销售等全产业链的、覆盖面广的法律体系。例如，德国有关于动物疫病的相关法律16部、法规87部，英国有相关法律法规约150部，美国有相关法律15部、相关法规134部，涉及疫病防控、兽药使用、动物福利、食品安全等多个环节（翟海华等，2020）。

二是制定完善的重大动物疫病应急计划。丹麦、瑞典、德国、俄罗斯和澳大利亚等国家制定了严格的、符合国际标准的重大突发性动物疫病和外来疫病紧急应对计划，动物防疫水平较高。上述计划一般包括两部分，一部分是关于重大动物疫病应对的总体战略与资源计划，另一部分是关于特定疾病控制的操作手册。

三是制定了完备的动物疫病防控管理体系和管理机制。美国建立了民众高度参与的动物疫病防控管理体系，构建了完善的信息核查、问责、处罚等管理机制，并通过应用大数据监测等手段进行疫病的统防统治（付饶等，2020）。与中国类似的是，美国早期政府也面临政府兽医人数短缺的问题，美国探索建立了认证兽医制度，通过认证的社会执业人员和政府兽医构成官方兽医，共同参与动物疫病预防、检

疫和控制等工作（王媛媛等，2018；周宏鹏等，2018；游锡火，2020）。

1. 澳大利亚制定了兽医应急计划以应对突发性疫情

澳大利亚的兽医应急计划一方面包括相应的管理指南、操作规程以及疫病对策，另一方面是对于包括政府、兽医机构、农场等在内的相关主体均制定了应急保障计划，且州政府会对兽医和养殖场户定期开展技能培训（游锡火，2020）。为避免动物疫情大规模暴发，澳大利亚联邦、州、地区政府，以及大型畜牧业养殖企业等主体，成立了非营利性的企业动物健康澳大利亚公司，负责处理突发动物疫情事件（沈贵银、何在中，2012）。

2. 俄罗斯生物安全管理力度不断加强

一是划定养殖场生物安全等级。俄罗斯养殖场按生物安全等级划分为层层递进的四个等级。第一等级主要为散养户；第二等级为家庭圈养户，并且对生猪饲养做出了规定，比如禁止喂食泔水；第三等级为圈养养殖场，对生猪饲养员工作活动范围、消杀防疫等方面进行了严格规定，禁止饲养员串场，进入圈舍时需要更换衣服、鞋子并消毒，外来人员等非相关人员谢绝进入养殖场，各圈舍之间至少相隔0.5千米，养殖场在规定的时间内没有特殊疫病等；第四等级是在第三等级的基础上，生猪养殖所需要的饲料等资源均由一体化企业内部生产，与外界没有联系。目前约九成的养殖场属于第四等级，且该类养殖场受非洲猪瘟影响造成的产量下降不足1%。

二是制定严密的防控措施。养殖场定期进行检测，以及时发现疫情，以免引起更大范围的感染。若疫情暴发后，明确划定潜在感染区、保护区、监督检验区等，将发病生猪和潜在感染的生猪进行无害化处理，且禁止一二三等级的养殖场活猪及猪肉制品外运（石守定等，2021）。

（七）完善生猪生产和价格支持体系，保障市场稳定运行

欧美等发达国家建立了较为完善的生猪生产和价格调控体系，包

括生产价格监测预警、多种形式的价格干预政策、生猪期货交易市场以及政策性生猪保险机制等，均为稳定生猪生产和生猪价格发挥了重要作用。

1. 构建生猪生产价格监测预警体系

发达国家制定了完善的生猪生产及价格监测预警体系，可以及时反馈生猪生产价格信息，提醒养殖场户适时调控生猪产能，避免生猪产能极端过剩或不足。以美国为例，美国农业部于 2001 年 4 月实施了强制性价格报告计划，要求平均每年屠宰 10 万头猪的加工企业必须向美国农业部报告生猪采购、零售、出口等交易信息，以满足生猪养殖场户、屠宰加工和猪肉零售商及消费者在生猪产业链的不同阶段的价格需求。美国强制性价格报告计划使生猪养殖场户能够根据市场供求状况判断出更有利的销售方式，一定程度上促进了生猪订单养殖的发展。同时，美国农业销售局向屠宰企业采集数据，汇总发布瘦肉猪指数作为生猪现货交易市场的参考价格，以供养殖场户与加工厂等经营主体使用。

2. 提供具有援助性质的金融信贷支持

欧美国家为生猪养殖场户提供金融信贷支持，以稳定其生猪经营活动。例如，美国向生猪养殖场户提供信用贷款，信用贷款主要由美国农业部农场服务局负责。贷款项目主要包括养殖场户所有权贷款、直接运营贷款、直接紧急援助贷款和土地合同保证贷款等。此信贷为政府信贷，资金来源主要为政府财政拨款，并不以营利为目的，具有明显的援助性质。目标对象主要为初创型养殖场户，严重受灾、经济遭受打击的养殖场户，或者规模较小、盈利有限的养殖场户。欧盟大部分国家设有农业信贷合作社，欧盟提供利息补贴，可以向中小型养殖场户提供长期（5 年以上）、中期（1.5～5 年）和短期（最高 18 个月）不等的贷款（朱增勇和马佳，2022）。

3. 充分利用生猪期货交易市场

生猪期货是稳定生猪生产和价格的重要举措，诸多发达国家设置了生猪保险或期货市场，以稳定生猪生产和价格。期货具有价格发现以及套期保值的功能，可以反映未来市场供求状况，还可以利用期货价格和现货价格的趋同性，规避现货风险（高扬等，2020）。美国、荷兰、匈牙利、波兰、德国、韩国以及中国均开展了生猪期货交易（徐欣和何志良，2009）。以美国为例，美国生猪产业经营者、政府管理部门和芝加哥商品交易所为使养殖场户有效规避市场风险，于20世纪中期上市了生猪期货，美国生猪企业利用期货交易来对冲生猪价格波动所带来的市场风险。生猪期货市场的发展也促进了生猪产业的转型升级，经营良好的企业不断整合，逐渐发展成为龙头企业，前10大生猪养殖企业占据了四成的生猪市场。美国生猪波动周期由之前的4年拉长到7～8年，猪肉价格波动幅度也大大缩小（高扬等，2021）。

4. 形成相对完善的政策性生猪保险机制

农业保险最早因承保冰雹灾害风险在欧洲兴起，真正发展是起始于20世纪40年代，农作物保险的实施标志着农业政策性保险进入新发展阶段（鞠光伟，2016）。政策性生猪保险是分担疫病和市场等风险、补偿养殖场户收益以及稳定生猪生产的重要手段。美国是世界上最早实施政策性生猪保险的国家，主要以政府引导、商业运行为主，其主要经营模式为由美国农业部和联邦农作物保险公司制定相关保险政策并做好私立保险公司执行政策过程中的监督工作，具体生猪保险运营是由美国17家私立保险公司负责。一是生猪价格保障险，价格保险制度承保的风险为市场价格风险，当生猪市场价格过低时农户即可获得赔付，区别于中国的政策性畜牧业保险的保牲畜死亡风险，也不承保因饲料价格上升进而成本上升导致的养殖收益损失。当保险合同到达有效期前，如果生猪价格低于约定价格，保险公司则负责赔偿养殖场户的损失；二是生猪收益保障保险，目的是保障养殖场户的最终收益，该保险在保障生猪价格下降造成的养殖收入受损的同时，将饲料价格的波动纳入保险保障范围。若养殖场户因饲料价格、生猪市场价格下跌而收益未能达到合同中规定的预期收益，保险公司负责赔偿养殖场户损失（李元鑫等，2021；鞠光伟，2016）。加拿大与美国较为一致的是，生猪保险可承担因市场价格波动、汇率变化等所引起的养殖场户收益风险。加拿大对生猪保险的政策性支持实行分级负责制，分为农业部和省两级。生猪价格低于保险约定价格时，农户可获得保险补偿。但与美国不同的是，保费由养殖场户全额支付（鞠光伟，2016）。

三、中国生猪产业发展前景判断

（一）猪肉禽肉抢占市场的竞争更加激烈，猪肉供需进入新格局

作为白肉的禽肉较猪肉具有低脂肪、低胆固醇、低热量、高蛋白的“三低一高”特点，在消费端具有较强竞争优势。中共中央、国务院发布的《“健康中国2030”规划纲要》提出2030年实现超重、肥胖人口增长速度明显放缓的目标。根据国务院发布的《中国居民营养与慢性病状况报告（2020年）》数据显示，目前中国成年居民超重或肥胖超过50%。现阶段中国以“红肉”为主的不科学的肉类消费结构是重要影响因素之一（王济民，2018）。随着居民收入的提高，消费需求从“吃饱、吃好”逐渐转向“营养、健康”，禽肉具有“三低一高”的营养优势越来越多地呈现出来。例如，受健身群体强劲需求拉动，在中国传统消费中偏好较弱的鸡胸肉产品的销售数量和价格近年来出现较大涨幅（张怡等，2022）。此外，禽肉价格明显低于猪牛羊肉。禽肉在优化饮食结构，特别是对于保障低收入人群优质蛋白质摄入与提升国民身体素质健康方面优势特征显著。

从国际国内肉类消费结构变动趋势看，猪肉消费比重下降、禽肉比重上升是大势所趋，而非洲猪瘟加速了中国肉类消费结构调整步伐。其一，从国际肉类消费结构变动趋势看。过去半个多世纪以来，全球肉类消费结构演变的主要特征表现为猪肉消费比重小幅下降，牛羊肉比重显著下降，禽肉比重显著上升；同时，还可以看到，除中国外全球其他国家肉类消费结构演变的主要特征表现为猪肉和牛羊肉比

重显著下降，禽肉比重显著上升。“穷人为了性价比，富人为了健康”，禽肉在肉类消费结构中持续上升是一个世界性的发展趋势。其二，从国内肉类消费结构变动趋势看。国内肉类消费结构也一直呈现出猪肉持续下降，牛羊肉小幅波动上调，禽肉持续增长的趋势。以往国内对肉鸡等家禽生长特性的科普知识以及禽肉的营养健康属性和便利性烹调方式宣传不足，禽肉消费增速明显低于世界平均水平。2018年非洲猪瘟疫情暴发之前，肉类结构调整相对缓慢，是缓步渐进的过程；2018年之后肉类结构调整明显加快。非洲猪瘟疫情暴发导致猪肉产量大幅下降，2020年较2017年下降1 338.5万吨，降幅高达24.6%。猪肉产量下降导致猪肉消费量大幅下降，进而导致肉类总消费量亦有一定程度的下降，但同时，猪肉产量下降的一部分通过进口猪肉补充，一部分通过其他肉类且主要是禽肉补充。非洲猪瘟疫情以来，猪肉消费占肉类总消费的比重下降9.2个百分点，从2017年的63.1%降至2020年的53.9%；禽肉上升了7.3个百分点，从2017年的21.1%升至2020年的28.4%。猪肉消费比重如此大幅下降是重大动物疫情冲击下的短期调整，后期随着生猪产能的恢复、猪肉供给的增加，猪肉消费数量及比重均会有一定程度的回调。但未来随着国内消费者对肉类产品营养健康指标关注程度的提升，随着肉鸡良好的生长性能来源于遗传性能改良、饲料营养改进、养殖技术提升等信息的普及，禽肉消费比重仍将上升，猪肉消费比重很难再回到非洲猪瘟疫情之前的份额。从发展趋势来看，猪肉消费比重或将调整并稳定在55%左右。

当然，猪肉消费比重的下降并不意味着人均猪肉消费数量的下降。几千年来中国形成了以猪肉为主导的肉类消费结构，也形成了以猪肉为原料的花样繁多的烹饪方式和具有历史传承的饮食偏好。在此背景下，猪肉消费仍将长期在中国肉类消费中占据主导份额，且随着人均肉类消费水平的提升，人均猪肉消费量仍将有一定的增长。比照中国台湾地区、亚洲国家中与中国具有相似消费习惯的韩国等消费水平演变趋势，以及参照中国农业科学院农业经济与发展研究所

CASM 模型的分析结果，未来中国人均肉类消费量预计约在 2035 年达到顶峰 75 千克，较目前约 61 千克的人均消费量尚有 14 千克的增长空间。届时，按照猪肉消费比重 55%计算，人均猪肉消费量将会达到 41.25 千克，较 2020 年 33.0 千克的人均消费水平，还有约 8.25 千克的增长空间。

（二）生猪养殖散户退出、企业进入，生猪养殖企业化成为趋势

改革开放以来相当长时期内，中国生猪养殖以中小散户为主，规模化程度不高。随着非农务工等机会成本的增加，加之疫病冲击、环保规制等因素影响，中小散户尤其是小散户加快退出生猪养殖，生猪养殖规模化程度明显提升。2010—2020 年生猪养殖场户数量从 6 173.5 万个减少至 2 077.7 万个。在养殖总量大幅增加的背景下，养殖场户数量的大幅下降意味着养殖场户平均养殖规模的大幅提升（图 7－1）。2020 年出栏生猪 100 头以下的养殖场户生猪出栏数量占全国生猪出栏总量的比重从 2010 年的 48.2%下降至 26.3%，出栏生猪 500 头以

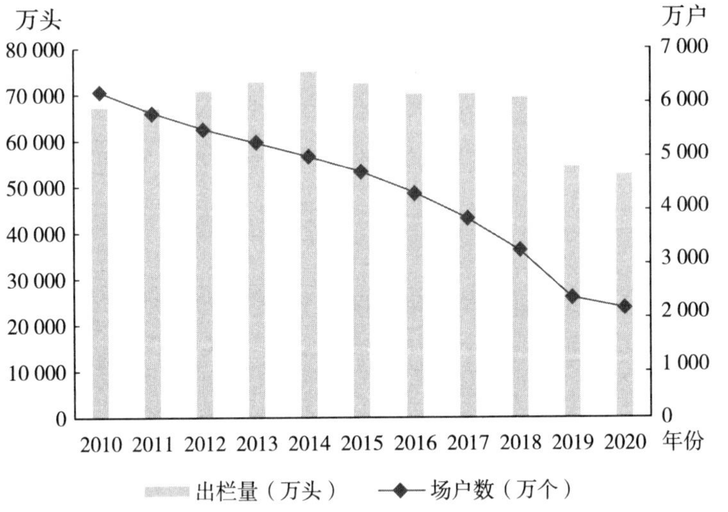

图 7－1　2010—2020 年中国生猪养殖规模场户数量

数据来源：《中国畜牧业统计》（历年）。

上的养殖场户生猪出栏数量占全国生猪出栏总量的比重从 2010 年的 34.5%上升至 57.1%。

尤其是 2018 年非洲猪瘟疫情及 2020 年新冠肺炎疫情暴发，进一步加速了散户退出进程。在 2019—2020 年生猪供需缺口显著、猪肉价格高涨、养殖利润剧增的背景下，大规模养殖场和养殖企业加大扩张步伐。2020 年十大生猪上市企业生猪出栏量 5 495.8 万头，较 2019 年增长 22.4%，占全国生猪总出栏量的比重达到 10.4%（表 7－2）。受益于生物安全体系建设、设备设施、经营资金及管理能力等多方面显著优势的支撑，大规模养殖场和养殖企业补栏扩产速度和规模明显快于中小散户，产能向大型养殖场和养殖企业集中趋势明显。在规模化程度不断提升的同时，生猪养殖也从传统的劳动密集型向资本密集型转移，中小散户的主体地位正在逐渐削弱，农民退出、资本主导成为显著趋势特征。

表 7－2　2020 年十大生猪上市企业生猪出栏量

企业名称	出栏量（万头）	较上年增长幅度（%）
牧原股份	1 811.50	76.67
正邦科技	955.75	65.24
温氏股份	954.55	−48.45
新希望	829.25	133.60
天邦股份	307.78	26.40
大北农	185.04	13.63
傲农生物	134.63	104.17
天康生物	134.50	59.61
唐人神	102.44	22.05
金新农	80.36	103.24
十大企业总计	5 495.80	22.39
全国总计	52 704.00	−3.15

数据来源：各上市公司年报。

生猪养殖规模化有利于引进和使用先进的饲养技术和管理技术，并通过加强生物安全体系建设进行有效的疫病防控，多措并举提升生产效率。但在能够更好地实现养殖企业的经济价值的同时，过度规模化也明显削弱了带动数亿农民就业和增收的产业社会价值，明显加大了市场出现垄断性经营、大规模养殖企业联合控制生猪价格的产业运行风险。

（三）跨省“运猪”变“运肉”，产销一体化程度进一步加深

受中国猪肉传统消费以热鲜肉为主导，以及生猪养殖和消费布局存在错位等因素影响，活猪跨省调运长期存在，且随着生产和消费量的增长而逐渐增加。非洲猪瘟前，中国活猪跨省调运量超过1亿头。2017年全国出栏生猪6.9亿头，跨省调运活猪达到1.0亿头，占生猪总出栏量的14.5%。其中，拥有58个国家级生猪调出大县的生猪养殖大省河南是第一活猪调出大省，调出量超过2 000万头；猪肉消费大省、猪肉屠宰加工产能大省江苏省是第一活猪调入大省，调入量超过1 000万头，但同时江苏也是活猪调出大省，调出量约900万头。根据中国动物疫病预防控制中心数据，大约有70%生猪疫情是由长距离运输导致的。非洲猪瘟暴发后，为了降低疫情跨区域传播风险，国家出台相关活猪禁运政策以求降低由生猪调运引发的非洲猪瘟疫情。

虽然非洲猪瘟在国内已得到稳定控制，但非洲猪瘟疫情并没有结束，非洲猪瘟病毒仍然存在。越来越多的省份陆续出台生猪调运新规，将传统的“运猪”方式改为“屠宰+冷链物流”的“运肉”方式。中南区（广东、福建、江西、湖南、广西和海南）自2019年11月30日起禁止中南区外的活猪调入，且中南区内省（区）与省（区）之间2020年11月30日起禁止活猪跨省（区）调运，种猪、仔猪除外。东部区（上海、江苏、浙江、安徽、山东、河南）自2021年12月1日起不再接收东部区外30千克以上生猪进入东部区育肥，不再接收东部区外未经“点对点”调运备案的生猪调入东部区屠宰，种猪、仔猪及非洲猪瘟等重大动物疫病无疫区、无疫小区生猪除外。

在非洲猪瘟疫病或将长期化以及生猪调运受限或将常态化背景下，大型生猪养殖企业的产业链开始向下游延伸，布局生猪屠宰加工。生猪养殖龙头企业牧原股份已经布局年屠宰产能超过 2 000 万头的屠宰板块，与目前的生猪屠宰加工龙头企业双汇发展的屠宰产能基本持平。很多企业新建猪场都就近配套了屠宰产能。此外，也有部分生猪屠宰加工企业，如双汇发展等向上游延伸，启动生猪养殖板块业务。养殖、屠宰、销售一体化成为未来生猪产业发展的大趋势。

（四）双碳目标约束、高质量发展势所必然，高科技创新及应用步伐加快

改革开放以来，生猪产业呈现出从快速发展向绿色高质量发展转变的显著特征。虽然中国生猪生产水平近年来出现阶段性下滑，但总体上实现了大幅提升，表现为增长型波动，且猪肉产量增长的动因有 25％源自生猪扩群养殖规模的提升，另外 75％源自技术水平的提升。中国作为碳排放大国，在未来 40 年内实现碳中和目标面临极大挑战，尤其中国农业碳达峰到碳中和的过渡期仅有 30 年，相比于欧美等发达国家 50～70 年的较长过渡期缩短了近一半的时间，未来包括畜牧业在内的农业减排路径将更加陡峭。双碳目标约束下，生猪产业实现高质量发展必然更加依赖高技术的创新和应用。

基于双碳目标的实现，畜禽结构必然向低排放、低耗能的方向调整。从排放角度看，据碳足迹专家研究，集约化饲养条件下生产 1 千克牛肉、猪肉和鸡肉产生的二氧化碳当量的温室气体分别为 14.8 千克、3.8 千克和 1.1 千克，猪肉生产的二氧化碳排放明显低于牛肉，但是为鸡肉的 2.5 倍；从耗能角度看，白羽肉鸡饲料报酬率低于 1.6，而生猪为 3.0，鸡肉生产比猪肉生产节粮 46.7％。面对肉鸡产业的竞争，产业竞争压力和双碳目标实现均对生猪产业的育种攻关、养殖技术提升、饲料科技创新、养殖废弃物资源化利用技术优化等提出更高要求，高科技创新和应用也必然发挥更大的产业支撑作用。

标准化养殖是生猪产业实现高质量发展的基础，直接决定着养殖的成败、生产效率的高低和经营效益的多寡。随着中国畜禽养殖标准化水平的不断提升，智能化养殖转型已成必然。相对于传统的无反馈机制的标准化养殖，智能化养殖设施设备将“感知”到的养殖环境和畜禽生长状况，并进行及时反馈和调整，做到畜禽养殖的精细化管理，从而降低生产成本、降低疾病发生率及提高畜禽生产指标，实现生产效率和效益显著提升。

四、中国生猪产业发展政策建议

（一）将非洲猪瘟等疫病防控作为稳定生猪产业发展的首要任务，进一步强化优化疫情防控措施

从全球来看，非洲猪瘟已经有100余年历史，到目前为止尚未研发出具有针对性的疫苗和抗体。中国非洲猪瘟疫情虽已基本得到控制，但其仍是影响生猪产能稳定和产业发展的最大不确定性因素和最大障碍因素，仍要将非洲猪瘟等疫病防控作为稳定生猪产业发展的首要任务，进一步强化优化疫情防控措施。一是强化动物疫情监测报告系统。强化进出场生猪和场外环境病毒监测，打通疫情监测和检疫信息共享通道。重塑重大动物疫情报告制度，在原有“从下到上”报告的基础上，增加“从上到下”的抽查检查机制，并加大监督和对迟报、瞒报等违规行为处罚力度。二是加强生物安全体系建设。加强各类生物安全防控措施对病毒的作用机理和效果研究，优化消杀隔离防控措施。启动生物安全示范场户和无疫小区建设，引导养殖防疫由只靠疫苗向疫苗与生物安全措施并重转变。三是完善基层畜牧兽医体系建设，筑牢疫病防控第一道防线。借鉴“大学生村官”计划，建立畜牧兽医类大专院校毕业生进入基层队伍引导机制，优化基层畜牧兽医队伍的年龄结构和知识结构。同时，加强对现有人员的技术培训，提高技术服务水平。增加基层防疫经费，采取工资补贴等形式，充分调动基层畜牧兽医队伍的积极性。探索通过灵活政策扶持发展兽医社会

化服务组织，引导社会资本投入动物防疫工作中，鼓励养殖场户购买社会化服务。

（二）健全完善生猪生产和市场监测预警体系，对症下药实行科学稳健的逆周期调控

生猪市场价格周期性波动以及“肉贵伤民”与“猪贱伤农”现象交替出现，猪周期异常波动频次增多、幅度加大，对稳生产、保供给和促增收造成巨大冲击和威胁，也对进一步完善监测预警体系和政府调控政策提出迫切要求。监测预警首先要科学界定产能指标，既要考虑生产数量指标，也要考虑生产效率指标，还要考虑现有养殖栏舍规模。要加快构建“现有养殖栏舍规模＋能繁母猪数量＋生产效率指标”三位一体的综合性产能监测预警指标，为有针对性地应对市场波动提供更全面的基础支撑。通过进一步加强生猪生产成本价格监测统计和信息预警，科学预判未来生猪供需和市场价格变化趋势，变被动预警为主动预警，提高预警的及时性和有效性。提前制定生猪价格暴涨和生猪价格大幅度下跌的应对预案，完善调控预案启动机制。基于生猪供需和市场价格波动的周期性规律，借鉴国外应对生猪大幅波动的经验，对生猪大幅波动实行反周期的逆向调控政策，且调控措施要适度，以实现生猪供给有保障，市场价格稳定运行。

（三）大力推动种养结合循环农业生产模式，推进生猪养殖绿色发展

畜禽养殖粪便无论以何种模式处理，终端环节都要归于还田利用（杨景晁等，2020）。强化种养结合是集约化畜禽养殖粪便资源化利用最经济、最有效的途径，是进行生态环境保护、实现畜禽养殖业绿色发展的关键所在。在产业发展过程中，生猪养殖企业可以将总量规模做大，但单个养殖场规模要适度，应考虑养殖粪便产生量与周边耕地比例，合理规划，将养殖粪便消纳作为养殖场建设的先决条件。规模养殖场户须与周边种植户签订养殖粪便消纳利用合同，或规模养殖场

户所在地须有畜禽粪便集中处理中心。鼓励种植业规模经营主体兼营中小型养猪场，通过家庭经营内部的农牧互动实现生猪养殖粪便就地消纳。

（四）加快产业转型升级，提升生猪产业发展质量

进一步推动实施生猪标准化规模养殖建设项目，加强生猪养殖产业园区、科技园区建设，加大养殖标准化、绿色化、智能化示范力度，推动生猪产业转型升级。合理确定养殖规模，提倡适度规模养殖，积极鼓励家庭规模养殖场和养猪专业合作社发展，对超大规模养殖场进行严格环评和监控。充分发挥龙头企业带动作用，大力推动“龙头企业＋家庭规模养殖场＋养猪专业合作社”的养殖经营模式，鼓励龙头企业和规模化养殖场建立相互参股、利益共享、风险共担的紧密合作机制。实施养殖抗生素残留监控计划，严格执行兽药停药期制度，严厉打击滥用抗生素和运输屠宰注水等违法违规行为，关注动物福利提升。着眼长远，策划启动生猪种业科技重大专项，围绕生猪种业“卡脖子”问题，开展联合攻关，培育生产性能优、肉品质量好、满足国内消费需求的自主新品种。加大科技推广力度，帮助广大生猪养殖场户解决生产中的技术难题，提高饲料转化率和生产效率。

（五）优化饲料粮供给路径，保障饲料粮供给安全和价格相对稳定

大豆、玉米等饲料粮对外依存度的提升加大了饲料粮供给的安全风险，也加大了畜牧产业的安全风险。饲料粮供给安全是国家粮食安全的重点和关键，饲料粮价格变动是生猪价格波动和养殖收益的重要影响因素。保障饲料粮供给安全和价格稳定对生猪产业的稳定发展极为重要。一是完善顶层设计。将饲料粮安全纳入国家粮食安全的总体框架中，制定专项的饲料粮中长期安全规划。二是赋予大型养殖企业进口权。在国家粮食贸易部门统筹下，赋予重点饲料企业和养殖企业

相应的粮食进口权。三是创新国家粮食储存制度。探索建立大型饲料生产企业和大型畜牧集团与国家共建饲料粮储存制度。四是支持骨干企业参与农业“走出去”战略。在国家对外开放总格局下，鼓励和支持有条件的大型饲料企业及全产业链一体化大型畜牧企业集团参与国家农业“走出去”战略，建立国际化的饲料粮供应链。

参考文献

REFERENCES

蔡勋，陶建平，2017. 货币流动性是猪肉价格波动的原因吗——基于有向无环图的实证分析 [J]. 农业技术经济 (3)：33-41.

陈蓉，傅新红，王雨林，2012. 价格波动中养殖户生猪产量调整行为分析——基于四川省资中县386个养殖户的调查 [J]. 中国畜牧杂志，48 (6)：18-22.

陈蓉，2009. 我国生猪生产波动周期分析 [J]. 农业技术经济 (3)：77-86.

陈顺友，熊远著，邓昌彦，2000. 规模化养猪生产波动的成因及其抗风险能力初探 [J]. 农业技术经济 (6)：6-9.

陈印军，王琦琪，向雁，2019. 我国玉米生产地位、优势与自给率分析. 中国农业资源与区划，40 (1)：7-16.

陈悦，2018. 安徽省生猪生产波动与预测研究 [D]. 合肥：安徽农业大学.

董玲，2010. 我国猪肉价格波动研究 [D]. 呼和浩特：内蒙古农业大学.

樊慧丽，付文阁，2020. 畜牧产业结构变动对我国粮食安全的影响分析. 中国农业资源与区划，41 (11)：91-102.

付饶，胡钰，王莉，2020. 美国动物疫病防控体系建设的经验借鉴 [J]. 世界农业 (4)：23-30，142.

高海秀，王明利，石自忠，2020. 中国生猪产业国际竞争力比较. 西北农林科技大学学报 (社会科学版)，20 (1)：145-152.

高扬，李雯，李界，王超，2020. 生猪活牛期货套期保值的国际经验对我国的启示 [J]. 中国证券期货 (5)：4-12.

高扬，梁晨，王超，张涤霏，2021. 生鲜类期货合约设计与修订的国际经验对我国生猪期货的启示 [J]. 中国证券期货 (2)：23-30.

郭惠武，张海峰，2019. 中国生猪生产成本的国际竞争力分析. 中国畜牧杂志，55 (7)：157-163.

郭利京，林云志，2020. 中国生猪养殖业规模化动力、路径及影响研究 [J]. 农村经济 (8)：126-135.

郭利京，刘俊杰，韩刚，2014. 养殖主体行为与生猪价格形成机制［J］. 统计与信息论坛，29（8）：79－84.

郭娉婷，许迟，马曦，2017. 基于养殖规模变化解析我国近十年的生猪价格波动［J］. 中国畜牧杂志，53（12）：135－139.

何晓群，1990. 试论我国生猪生产波动的成因及弱化波动的对策——兼与林智元同志商榷［J］. 农业经济问题（10）：54－57.

黄季焜，马恒运，2000. 中国主要农产品生产成本与主要国际竞争者的比较. 中国农村经济（5）：17－21.

鞠光伟，2016. 中国畜牧业保险的微观效果与政策优化研究［D］. 北京：中国农业科学院.

李秉龙，何秋红，2007. 中国猪肉价格短期波动及其原因分析［J］. 农业经济问题（10）：18－21，110.

李明，杨军，徐志刚，2012. 生猪饲养模式对猪肉市场价格波动的影响研究——对中国、美国和日本的比较研究［J］. 农业经济问题，33（12）：73－78，112.

李鹏程，2021. 国外生猪生产形势及产业发展特征［J］. 中国畜牧业（21）：27－28.

李元鑫，周慧，常倩，2021. 中美政策性生猪保险比较分析［J］. 黑龙江畜牧兽医（22）：20－25.

李作稳，易法海，2004. 我国主要畜产品的国际竞争力分析［J］. 农村经济（5）：6－8.

廖翼，周发明，2013. 我国生猪价格调控政策分析［J］. 农业技术经济（9）：26－34.

廖翼，周发明，2012. 我国生猪价格调控政策运行机制和效果及政策建议［J］. 农业现代化研究，33（4）：430－434.

廖翼，周发明，2011. 中国猪肉产品国际竞争力的实证研究［J］. 国际经贸探索，27（12）：25－33.

林智元，1990. 论我国的生猪生产波动［J］. 农业经济问题（5）：15－18.

刘春，刘晨阳，王济民，辛翔飞，2021. 我国畜禽粪便资源化利用现状与对策建议［J］. 中国农业资源与区划，42（2）：35－43.

刘明月，刘芳，刘亚钊，2020. 基于 VAR 模型的我国生猪价格波动实证研究［J］. 中国畜牧杂志，56（11）：184－188.

刘政，1992. 论我国生猪产销运行机制的转变［J］. 中国农村经济（10）：50－55.

鲁苏娜，2019. 法国农业及其畜禽粪污处理概况［J］. 中国畜牧业（20）：63－64.

吕东辉，杨祚，金春雨，2012. 基于 MS－ARCH 模型的我国生猪价格波动特征检验及其与 CPI 变动关联性分析［J］. 农业技术经济（9）：96－103.

罗千峰，张利庠，2018. 基于 B－N 分解法的我国生猪价格波动特征研究［J］. 农业技术经济（7）：93－106.

毛学峰，曾寅初，2009. 我国生猪市场价格动态变动规律研究——基于月度价格非线性模型分析 [J]. 农业技术经济 (3)：87-93.

宁攸凉，乔娟，2010. 中国生猪价格波动的影响与成因探究 [J]. 中国畜牧杂志，46 (2)：52-56.

农业部生猪波动规律性研究课题组，2008. 生猪生产和价格波动情况分析 [J]. 农村新技术 (3)：59-60.

潘方卉，刘丽丽，庞金波，2016. 中国生猪价格周期波动的特征与成因分析 [J]. 农业现代化研究，37 (1)：79-86.

潘国言，龙方，2011. 湖南省生猪生产波动周期分析 [J]. 技术经济，30 (2)：76-80.

裴璐，2020. 肉鸡产业国际竞争力评价体系构建及应用 [D]. 北京：中国农业科学院.

綦颖，吕杰，宋连喜，2007. 关于中国生猪产业的周期波动问题探析 [J]. 农业现代化研究 (5)：567-570.

綦颖，宋连喜，2009. 生猪价格波动影响因素的实证分析——以辽宁省为例 [J]. 中国畜牧杂志，45 (8)：1-4.

沈贵银，何在中，2012. 发达国家兽医行业财政支持特点研究——以美国、澳大利亚为例 [J]. 世界农业 (1)：6-11，36.

沈鑫琪，乔娟，2019. 价格波动情境下不同规模养猪场户的相机选择行为差异——对缓解生猪价格大幅波动的思考 [J]. 华中农业大学学报（社会科学版）(5)：54-62，167-168.

石守定，王明利，熊慧，2021. 非洲猪瘟疫情背景下俄罗斯生猪产业转型升级的经验及启示 [J]. 世界农业 (3)：80-89.

石自忠，王明利，高海秀，2019. 中国猪肉价格波动的双重非对称效应——基于 MS-GARCH 类模型 [J]. 农林经济管理学报，18 (5)：675-683.

宋冬林，谢文帅，2020. 我国生猪产业高质量发展的政治经济学分析 [J]. 经济纵横 (4)：1-9，137.

宋连喜，綦颖，2006. 生猪市场价格周期性波动的原因分析与缓解对策 [J]. 黑龙江畜牧兽医 (10)：4-7.

孙鑫，2016. 从农产品国际贸易谈我国粮食安全的现状及策略选择. 中国农业资源与区划，37 (3)：43-46.

田文勇，姚琦馥，吴秀敏，2016. 我国生猪规模养殖变化与价格波动动态关系研究 [J]. 价格理论与实践 (2)：81-84.

王杜春，刘士奇，2013. 生猪生产波动的影响因素分析及对策建议 [J]. 中国农学通报，29 (14)：11-15.

王芳，陈俊安，2009. 中国养猪业价格波动的传导机制分析 [J]. 中国农村经济 (7)：

31－41.
王宏梅，孙毅，2020. 缓解生猪市场波动的政府调控机制研究［J］. 山东社会科学（5）：123－128.
王宏梅，赵瑞莹，2019. 生猪生产决策行为研究——以山东省为例［J］. 东岳论丛，40（5）：120－128.
王俊能，许振成，杨剑，2012. 基于EMD的中国生猪生产波动分析［J］. 广东农业科学，39（4）：153－156.
王明利，李威夷，2010. 生猪价格的趋势周期分解和随机冲击效应测定［J］. 农业技术经济（12）：68－77.
王明利，肖洪波，2012. 我国生猪生产波动的成因分析［J］. 农业经济问题，33（12）：28－32.
王善高，2021. 投入要素及其生产率对生猪养殖产出增长的驱动分析［J］. 湖南农业大学学报（社会科学版），22（2）：1－8.
王秀清，李德发，1998. 生猪生产的国际环境与竞争力研究［J］. 中国农村经济（8）：3－5.
王媛媛，等，2018. 美国动物卫生保护制度框架浅析［J］. 中国动物检疫（12）：66－69.
王祖力，辛翔飞，王明利，等，2011. 产业转型升级亟需政府加大生猪标准化规模养殖扶持力度. 中国畜牧杂志，47（12）：13－17.
魏晓博，彭珏，2017. 环境规制、环境规制竞争与地区生猪养殖产值增长——基于空间杜宾面板模型的实证研究［J］. 农村经济（11）：43－50.
吴学兵，乔娟，李谷成，2013. 环境约束下的中国规模猪场生产率增长与分解研究［J］. 统计与决策（20）：118－120.
肖红波，王济民，2008. 我国生猪业发展的现状、问题及对策［J］. 农业经济问题（S1）：4－8.
辛贤，谭向勇，1999. 中国生猪和猪肉价格波动因素测定［J］. 中国农村经济（5）：3－5.
辛翔飞，刘锐，王济民，2020. 破除自给率越高粮食越安全的迷误［J］. 农业经济问题（10）：19－31.
辛翔飞，孙致陆，王济民，等，2018. 国内外粮价倒挂带来的挑战、机遇及对策建议［J］. 农业经济问题（3）：15－22.
辛翔飞，王济民，2019. 我国粮食自给水平目标设定：研究综述与政策启示［J］. 自然资源学报，34（11）：2257－2269.
辛翔飞，王秀东，王济民，2021. 新时代下的中国粮食安全：意义、挑战和对策［J］.

中国农业资源与区划，42（3）：76－84.
辛翔飞，王祖力，王济民，2011. 国外农产品支持政策对我国生猪补贴的借鉴［J］. 中国畜牧杂志，47（8）：13－16，19.
徐小华，吴仁水，黄位荣，邵碧云，2011. 生猪价格与玉米价格动态调整关系研究［J］. 中国农业大学学报，16（1）：148－152.
徐欣，何志良，2009. 国际猪类期货市场发展历程、现状与启示［J］. 中国畜牧杂志（14）：15－20.
徐雪高，2008. 猪肉价格高位大涨的原因及对宏观经济的影响［J］. 农业技术经济（3）：4－9.
许彪，施亮，刘洋，2014. 我国生猪价格预测及实证研究［J］. 农业经济问题，35（8）：25－32，110.
严斌剑，卢凌霄，2014. 生猪价格波动周期的特点及其调控［J］. 价格理论与实践（8）：69－70，117.
杨昌明，刁运华，柏凡，等，2012. 日本、韩国畜牧业发展与启示［J］. 四川畜牧兽医（11）：7－8，12.
杨小川，陈娴，2008. 试论我国猪肉产业国际竞争力问题［J］. 农村经济（5）：57－60.
易泽忠，高阳，郭时印，彭新宇，2012. 我国生猪市场价格风险评价及实证分析［J］. 农业经济问题，33（4）：22－29.
游锡火，2020. 澳大利亚动物疫病防控体系建设及启示［J］. 黑龙江畜牧兽医（16）：32－34.
余海波，方向东，刘开武，2015. 欧美发达国家的畜禽养殖污染防治［J］. 中国畜牧业（22）：53－55.
虞祎，胡浩，刘莹，2009. 我国城乡两市场的猪肉价格的影响因素分析——基于均衡转移模型［J］. 南京农业大学学报（社会科学版），9（2）：38－42.
岳冬冬，王征兵，2010. 陕西省生猪生产波动规律研究［J］. 统计与决策（3）：82－85.
翟海华，等，2020. 国外动物防疫法律体系特点分析与启示［J］. 中国动物检疫，37（3）：75－77.
詹淼华，许能祥，2017. 中美猪肉产品贸易竞争态势分析［J］. 中国畜牧杂志，53（8）：119－123，130.
张利庠，罗千峰，韩磊，2020. 构建中国生猪产业可持续发展的长效机制研究［J］. 农业经济问题（12）：50－60.
张喜才，张利庠，卞秋实，2012. 外部冲击对生猪产业链价格波动的影响及调控机制研究［J］. 农业技术经济（7）：22－31.
张兴华，2011. 新一轮猪肉价格波动的特点与宏观调控［J］. 宏观经济管理（10）：

26 - 27.

张滢，2016. 以合作社为核心的丹麦猪肉产业组织体系：组织架构、制度特性与经验借鉴 [J]. 中国农村经济 (1)：83 - 91.

张园园，孙世民，王军一，2019. 畜禽养殖清洁生产：国外经验与启示 [J]. 中国环境管理 (1)：128 - 131.

张振，乔娟，2011. 影响我国猪肉产品国际竞争力的实证分析 . 国际贸易问题 (7)：39 - 48.

张振玲，2020. 韩国畜牧业鸟瞰 [J]. 中国畜牧业，544 (1)：43 - 44.

赵奉军，2009. 基于谱分析的中国生猪周期波动研究 [J]. 统计与信息论坛，24 (12)：27 - 32.

赵全新，2017. 我国“猪周期”怪圈的形成与破解路径选择 [J]. 价格理论与实践 (4)：44 - 48.

周宏鹏，姜雯，刘德萍，黄保续，2018. 美国国家兽医认证计划及其主要制度 [J]. 中国动物检疫 (6)：69 - 72.

周磊，等，2021. 国外生猪育种体系简析及对我国生猪育种的几点思考 [J]. 中国畜牧杂志 (1)：231 - 236.

周娜，毛世平，马红坤，2021. 韩国农业科技创新体系现实特征及启示 [J]. 世界农业 (7)：58 - 68.

朱增勇，马佳，2022. 欧美猪周期比较研究及其应对措施启示 [J]. 价格理论与实践 (2)：84 - 90.

朱增勇，浦华，杨春，2020. 新冠肺炎对生猪产业影响及应对策略 [J]. 农业经济问题 (3)：24 - 30.

Christopher G. Davis, Carolyn Dimitri, Richard Nehring, et al., 2022. U.S. Hog Production: Rising Output and Changing Trends in Productivity Growth [R]. USDA Economic Research Service.

Coase R. H., 1937. Howler R. F. The Pig cycle in Great Britain: An Explanation [J]. Economics, 4 (13): 55 - 82.

Dorfman J. H., Park M. D., 2009. Looking for cattle and hog cycles through a Bayesian Window [R]. Annual Meeting.

Ezekiel M., 1938. The Cobweb Theorem [J]. Quarterly Journal Economics, 52 (2): 248 - 255.

Futrell G. A., Mueller A. G., Grimes. G., 1989. Understanding Hog Production and Price Cycles, Purdue University Cooperative Extension Service [R]. West Lafayette, Indiana.

Griffith G. R. , 1977. A note on the pig cycle in Australia revisited [J]. Australian Journal of Agricultural Economics, 21 (2): 130 - 139.

Harlow A. A. , 1960. The Hog Cycle and the Cobweb [J]. Journal of Farm Economics, 42 (4): 842 - 853.

Huang S. L. , Liu A. M. , Lu C. X. , et al. , 2020. Supply and demand levels for livestock and poultry products in the Chinese mainland and the potential demand for feed grains [J]. Journal of Resources and Ecology, 11 (5): 475.

Jasmina A. , 1994. Genetic algorithm learning and the cobweb model [J]. Journal of Economic Dynamics and Control (18): 3 - 28.

Kaldor N. A. , 1934. Classificatory Note on the Determination of Equilibrium [J]. Review of Economic Studies (1): 122 - 136.

Katrakilidis C. , Karantininis K. , Persson M. , 2011. Price Transmission in the Swedish Pork Chain: Asymmetric nonlinear ARDL [R]. European association of agricultural economists, Zurich, Switzerland.

Miller, Douglas J. , Marvin L. H. , 2001. Price Cycles and Asymmetric Price Transmission in the U. S. Pork Market [J]. American Journal of Agricultural Economics, 83 (3): 551 - 562.

Monia B. K. , Gil J. M. , 2007. Asymmetric Price Transmission in the Spanish Lamb Sector [J]. European Review of Agricultural Economics, 34 (1): 53 - 80.

Ruth M. , Cloutier L. M. , Garcia P. , 1998. A Nonlinear Model of Information and Coordination in Hog Production: Testing the Coasian - Fowlerian Dynamic Hypotheses [J]. American Journal of Agricultural Economics (8): 156 - 164.

Talpaz H. , 1974. Multi - frequency Cobweb Model: Decomposition of the Hog Cycle [J]. American Journal of Agricultural Economics, 57 (1): 38 - 49.

Tim Purcell. , 1999. A note on the pig cycle in Australia revisited [R].

Xin X. F. , Zhang Y. , Wang J. M. , et al. , 2016. Effects of farm size on technical efficiency in China's broiler sector: A Stochastic Meta - Frontier Approach [J]. Canadian Journal of Agricultural Economics, 64 (7): 493 - 516.